こんなところでつまずかない！

交通事故事件21のメソッド

東京弁護士会 親和全期会
編著

改訂版

第一法規

改訂版　はしがき

登録後間もない弁護士が、新人の頃に必ず直面する事件として、交通事故案件はその代表格と言えるでしょう。勤務弁護士がボス弁から処理を任される場面は無論、大規模な事務所であっても、友人から、弁護士になったと聞いて真っ先に連絡が来るのは交通事故です。いかに自動運転が普及しても、道路の整備が進んでも、人が移動し、人が運転する自動車がある限り、事故はなくなりません。交通事故案件への適切な対応は、弁護士の登竜門と言って過言ではありません。

本書は、経験年数の浅い弁護士が不安を感じたり、苦手意識を持つことの多い、複雑な保険の仕組みや運用、著名な書籍の使い方などを、お読みいただく方よりも少し経験を重ねている弁護士が、自分自身もおちいったことのある失敗や経験を踏まえ、わかりやすく解説しています。

平成27年の「こんなところでつまずかない！弁護士21のルール」の発刊以来、21のメソッドシリーズは、私たち親和全期会が編著者となって出版を続けてまいりました。経験年数の浅い弁護士にとって身近なテーマを選んで、すでに10分野の本を出版させていただいており、「交通事故事件21のメソッド」は、分野別メソッドシリーズの第１弾でした。平成28年に刊行された初版は好評を博し、増刷を重ねましたが、その後、自転車事故の増加に伴う規制等の整備や、消滅時効や法定利率等にかかる民法の改正なども踏まえ、古くなっている体験談などの見直しを行い、改訂をさせていただくことになりました。

初版の刊行時以後も弁護士数は増加しており、司法修習終了後15年目までの弁護士で構成される当会の会員数も増え続けています。他方、そんな中で、相談できる先輩弁護士がなかなかいないという声を聞くことも多くなっています。初版のはしがきにもありますとおり、当会は、研修や懇親企画、業務連携などを通じて、法律事務所の垣根を超え、皆が議論をし、情報を交換し、悩みを共有し、解決策を考える「場」を、変わらず提供しています。本書は、そのような「場」で議論になったり、解決されたりしたことが、その構成のベースになっています。弁護士にとって、経験は財産です。当会の弁護士の経験が、本書を手に取っていただいた方の業務の参考になるとすれば、この上ない喜びです。

本書の上梓にあたっては、第一法規株式会社編集第一部、藤井恒人氏、川村茉優氏、小林千紘氏に大変お世話になりました。締切を守るのが苦手な執筆者陣を適切に激励していただき、適時のスケジュール管理等、さまざまご助力をいただきました。改めて厚く御礼申し上げます。

令和５年12月

東京弁護士会　親和全期会

令和５年度代表幹事

弁護士　関　理秀

初版　はしがき

交通事故案件の対応に自信がありますか？

交通事故は、平穏に生活する市民の方々が日常生活のなかで不意に巻き込まれる可能性の高いトラブルの１つであり、警察庁の統計によると、人身事故の発生件数は減少傾向にあるものの、それでも年間50万件を超え、これに物損事故を加えるとその発生件数は極めて多数にのぼります。交通事故の全てが法的紛争をはらむものではありませんが、それでも弁護士が関与すべき法的紛争の類型としては上位に位置するものだといえます。また、近時は、弁護士費用等補償特約の普及などにより、交通事故被害者からの賠償請求も増加傾向にあります。

このような傾向を踏まえてか、交通事故案件を「取扱分野」として挙げる弁護士は多くありますが、これを「得意分野」として挙げることのできる弁護士はそれほど多くはないようです。むしろ、特に経験年数の浅い若手弁護士の中には、自分の案件対応は間違っていないだろうかと不安をもち、漠然とした苦手意識すら感じている方も少なくないようです。そのような不安や苦手意識の原因には、例えば、複雑な保険の仕組みと運用や、多岐にわたる損害に関する争点・論点の把握、損害保険会社と継続的につきあいのある弁護士との知識・力量の違いなど、ある程度の共通点がみられることから、その解消・緩和に役立つことができないかと考えて本書を執筆することとなりました。

親和全期会は、東京弁護士会内の会派の１つである法曹親和会の会員のうち司法修習終了後15年までの若手・中堅弁護士によって構成される団体（会員数約1,000名）です。親和全期会では、日本弁護士連合会・東京弁護士会の会務・政策について議論するほか、弁護士業務に関する研修や親睦企画などを多数開催しています。

そして、親和全期会の活動は、それぞれが所属する法律事務所等の垣根を越えて、多くの弁護士が知り合い、情報を交換し、議論をし、悩みを相談する「場」を提供することに寄与しています。そこでは、弁護士業務のノウハウはもちろんのこと、ボス弁や事務局との接し方、人脈のつくり方、将来への備えのための工夫など、弁護士ライフのために有益なさまざまなノウハウに関する情報が交換されています。

そのような親和全期会の活動を通じて蓄積された弁護士ライフのノウハウの一端を、新人弁護士・若手弁護士のためにまとめ、平成27年12月、『こんなところでつまずかない！弁護士21のルール』を刊行したところ、予想を上回る反響をいただきました。

本書はこの姉妹本として、親和全期会の活動を通じて提供された「場」のなかで情報交換された業務ノウハウのうち、交通事故案件に関するものを集めたものです。このようなコンセプトで執筆しましたので、あえて体系的な項目だてをすることなく、新人弁護士・若手弁護士が不安や苦手意識を感じやすい項目をピックアップして概説することに注力しました。また、少しでも多くの経験を追体験していただきたいとの思いから、若手・中堅弁護士のノウハウを体験談という形で掲載しました。執筆にあたっては、極力わかりやすい記述を心がけましたので、執筆箇所によっては不十分な表現や多少の脚色・誇張なども少なからず見受けられるかもしれません。その点は、本書があくまでも１つのノウハウを示すものということでご容赦いただければ幸いです。

本書を手に取られた読者のみなさんに、交通事故案件の迅速かつ適切な解決へ向けて、無用な不安を払拭し、さらなる研鑽の契機にしていただくことができれば、望外の幸せです。

最後に、本書上梓にあたっては、第一法規株式会社編集第一部の田中信行氏、河田愛氏、草壁岳志氏に大変にお世話になりました。ここに厚く御礼を申し上げます。

平成28年11月

東京弁護士会 親和全期会

平成28年度代表幹事

弁護士　髙畠希之

こんなところでつまずかない！
交通事故事件21のメソッド 改訂版

目次 Contents

本書中の体験談は、執筆者自身の経験や他の弁護士へのインタビュー等を元に内容を再構成したものです。各体験談冒頭のプロフィールは、必ずしも各執筆者のプロフィールと一致するものではありません。

また、本書においては、『民事交通事故訴訟　損害賠償額算定基準』を「赤い本」、『交通事故損害額算定基準―実務運用と解説―』を「青本」、『民事交通訴訟における過失相殺率の認定基準』を「別冊判タ」として、表記しています。

裁判例には、原則として判例情報データベース「D1-Law.com判例体系」（https://d1l-dh.d1-law.com/）の検索項目となる判例IDを〔　　〕で記載しています。

例：最二小判昭和49年４月15日民集28巻３号385頁〔27000441〕

本書は2023年11月までに公表されている内容によっています。

Method

01

定番書籍の活用法

▸ 赤い本、過信するべからず

――交通事故事案の分野では、定評のある定番書籍が存在する。『赤い本』、『青本』、『別冊判タ』は、いずれも網羅的・体系的で非常に有用な書籍だが、読者はしっかり活用できているだろうか。

交通事故分野の定番書籍

交通事故による損害賠償事案を担当するにあたって、『赤い本』、『青本』、『別冊判タ』の３冊の書籍は必須書籍だと言っても過言ではありません。

『赤い本』は、公益財団法人日弁連交通事故相談センター東京支部編の『民事交通事故訴訟　損害賠償額算定基準』の通称で、赤色の装丁にちなんでそのように呼ばれています。損害賠償額の算定方法について、体系的に整理されたうえで、豊富な判例・裁判例とともに賠償基準の基本的な考え方が示されています。

『青本』は、公益財団法人日弁連交通事故相談センター編の『交通事故損害額算定基準―実務運用と解説―』の通称で、青色の装丁にちなんでいます。こちらも『赤い本』同様に損害賠償額の算定方法についての基本的な考え方が示された書籍です。

『別冊判タ』は、東京地裁民事交通訴訟研究会編の『民事交通訴訟における過失相殺率の認定基準〈全訂５版〉』が正式な書籍名で、東京地方裁判所の交通事件専門部（民事第27部）の裁判官による過失相殺率（過失相殺基準）に関する研究成果が掲載されているものです。事故類型ごとに道路状況の類型に応じた過失相殺率（過失相殺基準）が図表とともに解説されています。

定評の理由

いずれの書籍も、極めて専門性の高い執筆者（『赤い本』、『青本』は公益財団法人日弁連交通事故相談センターに所属する弁護士、『別冊判タ』は専門部の裁判官）による検討成果が掲載されているもので、網羅性・体系性に優れ大変有用な書籍です。『赤い本』は最新の裁判例等が反映された新刊が年に一度、『青本』は１年おきに発刊されますし、『別冊判タ』はこれまで５回にわたる改訂を経て、駐車場内や自転車の事故など新しい事故類型が追加されるとともに、従来の事故類型についても適宜の見直しがされてきました。このような、執筆者と内容の信頼性の高さから、民事交通訴訟や訴外交渉などでも抜群に信頼されています。

もちろん、この他にも定評のある書籍は多数ありますが、特に交通事故事案の初心者にとっては、これら３冊の書籍はまずもって参照すべき必須図書であるといえるでしょう。なお、『赤い本』と『青本』とは、いずれも損害賠償額算定基準という共通した目的を持った書籍であり、構成等を含めて共通点も多いため、好みによっていずれか一方若しくは相互に補完して利用される方が多いようです。

なお、『赤い本』、『青本』には、その編集者・執筆者らによる注解・解説書が発刊されています。令和４年12月には、20年ぶりに改訂された最新版の『新版　注解交通損害賠償算定基準』（高野真人編著、ぎょうせい、2022年）が発行されております。『赤い本』、『青本』に示された基準を事案に誤りなく適用するために有益な書籍です。

図より字を読め

とはいえ、『赤い本』、『青本』にはあらゆる裁判例が掲載されているわけではなく、裁判例も判決等の全文ではなく要旨のみが掲載されているため、事案の異同などを適切に考慮し、理論的解釈の本質を理解しないと、判断を誤るおそれがあります。両書籍の体系性を活かして、適切に争点・論点を把握したうえで、掲載された裁判例を参考にして、自分自身で調査・検討を行うことが必要です。このように調査・検討の契機として利用することは、『赤い本』、『青本』の効果的な活用方法だといえます。

また、『別冊判タ』もあらゆる事故類型・道路状況が掲載されているわけではありません。現実に存在する道路は単純でなく、発生する事故も千差万別です。担当した事案が、どの事故類型に該当するのか（しないのか）は、掲載されている図表を眺めているだけでは適切に判断できません。各事故類型の冒頭には、道路交通法その他の状況から導かれる双方当事者の注意義務の内容や義務違反の軽重から、個々の事故類型における過失相殺率（過失相殺基準）を定めた理由が記載されています。事故類型への該当性や具体的事情の考慮可能性などは、この冒頭部分等を参考しながら検討することが必要不可欠です。このような判断方法を行うことによって、非典型的な事故類型についても対応することが可能となるでしょう。

体験談1

『赤い本』の裁判例が認めているから大丈夫!?

弁護士4年目　男性

『赤い本』は便利な本

弁護士登録して間もない頃、私は初めて交通事故による損害賠償請求の案件を担当することになりました。

依頼者は、通勤途中に事故に遭った男性です。停車中のところに追突され、しかも、加害者がそのまま逃走してしまったという事案でした。むち打ち症を患った依頼者は、加害者側の保険会社と交渉し、治療費を支払ってもらいながら通院するとともに、なかなかよくならない症状の緩和のために、医師の指示なく、自費で整骨院に通って首の牽引療法やマッサージ療法を受けていました。事故日から約6か月が経過した頃、医師から治癒の診断を受け、その後に保険会社から支払額の提示がありましたが、金額について折り合いがつかないため、訴訟を提起したいとのことでした。

求める“答え”がそこに！

整骨院での施術費を損害として請求するにあたり、交通事故の案件に取り組んだことのなかった私がまず手に取ったのは『赤い本』でした。「積極損害」の項目の「治療関係費」をみると「鍼灸、マッサージ費用、器具薬品代等」という項がありました（項目は当時のものです。以下同じ）。そして、そこには「症状により有効かつ相当な場合、ことに医師の指示がある場合などは認められる傾向にある」と記載されていました。また「鍼灸、マッサージ費用を認めた事例」として複数の裁判例が挙げられていました。それらを1つ1つみていくと、次のような記載がありました。

「柔道整復師による治療につき、医師の指示によるものではないものの、被害者……が治療により相当程度以上の症状の軽減回復を感じていることが認められるとして、事故との相当因果関係を認めた」

「頸椎捻挫、両膝捻挫、右下腿打撲で併合14級の被害者……につき、医師の指示はないが、施術により疼痛が軽快し整形外科における治療回数が減少していること、施術費が社会一般の水準と比較して妥当であること、加害者らが施術を認めていたこと等から、症状固定までの整骨院施術費全額を認めた」

そこには私が求めていた“答え”が書いてありました。これらの裁判例を読んだ私は、医師の指示がない場合であっても基本的に整骨院の施術費用は認められるようだから、それほど詳細な主張・立証は必要ないかな、と安易に考えてしまったのです。そして、この知識のみをもとに訴状を起案することにしました。

『赤い本』をみるだけでは足りない？

その頃、たまたま会派の先輩弁護士とご一緒する機会がありました。その席上、各自が抱えている案件の話になったとき、私は何も考えずに「『赤い本』って素晴らしいですね。何でも書いてありますしね」などとノンキなことを言いました。それに対する先輩の答えは次のようなものでした。

「『赤い本』に載ってない裁判例もたくさんあるし、その中には被害者に不利なものも含まれているから注意した方がよいよ」

先輩曰く、『赤い本』はあくまで調査のきっかけになるものとして利用しているというのです。今思えば当然のことで恥ずかしいばかりですが、当時の私にとっては自分の考えの甘さを痛感させられる一言でした。

すぐに裁判例を調査してみると、整骨院の施術費のうち一部しか認めていないものや、全部について相当因果関係を否定しているものなど、被害者にとって不利な認定がなされたものがこれでもかというほど出てきました。私が当初“答え”だと思っていたものは答えそのものではなく、“手がかり”だったのです。

訴状の記載内容を大幅に変更したのは言うまでもありません。

『赤い本』は手がかりとして活用

—『赤い本』だけで調べ終えた気になってはいけない—

—裁判例の調査に手を抜いてはいけない—

弁護士として当たり前のことではありますが、このような基本姿勢を登録後間もない時期に身をもって知ることができたのは、貴重な経験となりました。文献や裁判例の調査にはキリがありませんが、そうであるからこそ丁寧に根気よく行う必要があり、これができるか否かで弁護士としての能力も大きく変わってくるのではないかと思います。

『赤い本』は、争点・論点の把握や調査のきっかけとして大変有用な本ですので、積極的に活用すべきだと思いますが、さらに一歩進んで、これを手がかりとして丁寧に裁判例の調査を行うことが重要だと思っています。

体験談 2

独自の見解かと思ったら……

弁護士 6 年目　男性

そんな理屈は（『赤い本』に記載が）ない！

私は交通事故の被害者側の事案を中心に扱う事務所に入所しましたので、入所 1 年を経過する頃にはそれなりの数の交通事故案件の経験を経ていました。その中で、青信号で横断歩道を横断中に、赤信号無視の自動車と接触し、転倒した拍子に鎖骨骨折の怪我を負ったという被害者の事案を受任しました。

相手方側に100％の過失があることは明らかな事故態様でしたし、依頼者は転倒時の若干の打撲や擦過傷はありましたが大きな怪我は鎖骨骨折程度でしたので、私は法的に複雑な論点はない案件だと認識していました。

しかし、依頼者の鎖骨骨折は治癒に 2 か月程度を要すると見込まれたものでしたが、なかなか骨癒合に至らず、事故から半年近くを経過してようやく治療中止となりました。私は、治療期間約半年を前提に、『赤い本』の基準で傷害慰謝料を算定して相手方に損害賠償請求をしましたが、相手方保険会社は、事故と相当因果関係のある治療期間は 2 か月であると主張したため、互いの折り合いがつかず訴訟を提起することとなりました。

私は単純な人身事故との認識でしたので、カルテ等を取り寄せて詳細な検討は不要だと考えていました。ところが、訴訟手続で相手方弁護士が申し立てた文書送付嘱託により開示されたカルテを見ると、治療期間中に、依頼者が医師に趣味のサッカーをプレイしていることを述べ、医師になるべく控えるように指示されている箇所がありました。

相手方弁護士は、相当な治療期間は 2 か月であるとの主張とともに、予備的に治療期間を約半年とみる場合には、治療行為中にイレギュラーな行動や医師の指示違反があることを理由に、過失相殺類似の考え方に則って損害額を割合的に減額すべきであるとの主張を展開してきました。

私は、カルテの記載と相手方弁護士の主張にギョッとしましたが、しかしそのような考え方は『赤い本』のどこにも記載がありません。ほっと一安心、私は相手方の主張はいわゆる独自の見解に過ぎないと考え、準備書面では単に「争う」とだけ認否して、具体的な反論は行いませんでした。

多数の裁判例

当事者の主張が一通り出揃った時期になって、裁判所から心証開示と和解案の提示がありました。裁判所としては、実際に半年近く治療が継続されていることを踏まえ、治療期間は約半年とみるが、本来安静にすべき時期にサッカーに興じていたことが治療期間の長期化を招いた可能性は否定できないとの考えで、傷害慰謝料について『赤い本』基準から30%程度の減額を行うという内容の和解案を示しました。

私は『赤い本』にそのような法的見解の記載がないことを確認していましたから強気に反発しました。相手方弁護士の主張は『赤い本』に記載がなく独自の見解なので依頼者の納得を得られないとか、同様の裁判例が多数あるということであれば検討の余地はあるかもしれない、というようなことを述べた記憶があります。裁判官も困った顔をしていましたが、当事者双方に対して、裁判所和解案を持ち帰って依頼者と検討してほしいという指示がありました。

すると、期日間に相手方弁護士からその主張を裏付けるような類似の裁判例がいくつか証拠として提出されました（大阪地判平成20年11月26日交通民集41巻6号1471号〔28160008〕等）。私も自分で再調査したところ、相手方弁護士が証拠として提出した裁判例のほかにも類似の裁判例は多数出ていることがわかりました。相手方弁護士の主張は独自の見解ではなかったのでした。

私は依頼者に素直に状況を説明し、減額割合を小さくして和解を目指すという方針に変更しました。裁判所の調整もあって和解成立となりましたが、当初和解案に反発して強気な発言をしたことは勉強不足で恥ずかしい思いでした。

常に調査、研究、研鑽を

交通事故の事案を扱う際に、『赤い本』、『青本』、『別冊判タ』等の定番書籍を利用しない弁護士はいません。多くの事案では、これら定番書籍の記載を踏まえて対応すれば、そう大きく方針を誤ることはないと思われます。とはいえ、これら基本の定番書籍だけをみて、交通事故案件のエキスパートになれるわけではありません。当然のことですが、基本的な考え方を身につけた後も、常に調査、研究、研鑽が求められます。

加害者側・保険会社側の弁護士は、大量の交通事故事案を専門的に扱っていることが多いと思われます。私の知り合いの保険会社側弁護士は、交通事故関係の最新裁判例の確認や検討のために、『交通事故民事裁判例集』（交通民集）や『自動車保険ジャーナル』（自保ジャーナル）を定期購読していると言っていました。

体験談3

『別冊判タ』にない事故類型は、どうすればよいの？

弁護士11年目　男性

『別冊判タ』にない！

平成26年の話です。それなりの数の交通事故の案件を経験し、『赤い本』や『別冊判タ』を参照した事件処理にも慣れてきたと感じるようになった頃、スーパーマーケットの駐車場内で起きた事故で過失割合が争いとなっている事件を担当することになりました。

事故態様は、駐車場内の通路を走行する依頼者の自動車に、その前を走行していた相手方の自動車が駐車スペースに後退で進入しようとして接触したというものです。

依頼者としては、相手方車両が後退を開始するのに気が付いてすぐに車両を停止させクラクションを鳴らしたにもかかわらず、相手方車両がそのまま後退を続けたことが事故の原因であって、自分に過失はないと考えているが、相手方は五分五分の過失割合を主張しているとのことでした。

依頼者から事故状況の説明を受けた後、私はいつものように、『別冊判タ16』を開き、過失割合の基準を確認したのですが、今回の事故のような類型はどこにも紹介されていません。『別冊判タ』の中から適切な事故類型をみつけるのにもそれなりにコツが要るもので、すぐには目当てのものがみつからないということは誰しも経験があるかと思いますが、何度も目次を確認した結果、駐車場内の事故は取り上げられておらず、過失割合は基準化されていないことがわかりました。

調査・検討

基準となる過失割合が示されていない以上、一から考えなければなりません。私自身、車を運転するのが好きなのですが、私は、後退をする際は、前進をするときよりも安全確認が困難であるため重い注意義務が課せられるべきであると考えました。ところが、類似事案の裁判例を調査してみると、個々の事案ごとに判断が異なっており、依頼者側の過失が大きいとするもの、逆に依頼者側の過失が小さいとするものがそれぞれあります。

迷った私は先輩弁護士に意見を聞いてみると、私の感覚に近い考えを持っており、以前に似たような事案で依頼者側に有利な過失割合で解決をしたことが複数回あるとの回答でした。

そこで私は、勝訴判決を得られる見込みは十分にあると考え、依頼者と協議のうえ、訴訟を提起することにしました。

『別冊判タ』の改訂！

ところが、訴訟提起後、指定された第１回期日が来る前に、『別冊判タ16』の改訂版として『別冊判タ38』が発刊され、そこには駐車場内の事故が新たな類型として記載されているとの情報を耳にしました。

私は書店に駆け込み同書を買い求めました。以前のものと比べるとかなり厚くなった『別冊判タ』の最後の章が、駐車場内の事故の章でした。パラパラとページをめくると、【336図】にまさに今回の事故類型が載っています。目を疑ったのは、基本となる過失割合の欄に、通路進行車側が８割と記載されていた点です。その理由として、「駐車場は、駐車のための施設であり、四輪車が通路から駐車区画に進入することは、駐車場の設置目的に沿った行動である。したがって、駐車区画への進入動作は、原則として、通路の通行に対して優先されるべき」であるとされています。「そう言われれば、そうかもしれないが……」というのが私の感想でした。

とはいえ、このままでは当初の予想に反して訴訟で負けてしまう可能性が濃厚です。案の定、第１回期日で、裁判所から、「『別冊判タ』では原告側の過失が大きいとされているようですが……」などと指摘される有様です。

特殊事情の主張

もちろん、『別冊判タ』の過失割合はあくまで１つの基準であって、個別の事案においては、それをそのまま適用すべきではない場合もあります。

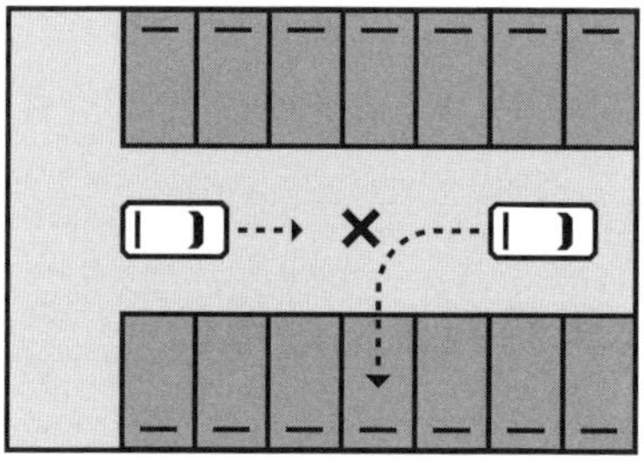

そこで私は、本件では右記、事故状況図のように、相手方車両が後退をはじめた時、依頼者は車両をその後方５m程の位置で停止させ、相手方に注意を促すためにクラクションを鳴らしたのであって、相手方は後方の安全確認が著しく不十分だったのであり、『別冊判タ』【336図】の想定する事故状況とは異なることを主張しました。

これを受けて裁判所から「確かに、本件では『別冊判タ』の過失割合をそのまま適用すべきかは、もう少し検討の余地があるかもしれませんね」との話があり、代理人間で過失割合について詰めて協議をしてほしいという要請がありました。

訴外で交渉をもったところ、相手方代理人は、「私自身は『別冊判タ』の見解に納得できますよ。でも、『別冊判タ』改訂以前は、後退車両側の過失が大きいという内容で示談をしたことがあることも事実だよね」と言い、相手方本人は過失割合が五分五分であれば和解に了解しているとの回答でした。

最終的に、依頼者と協議を重ね、事故状況の立証可能性なども考慮して、過失割合を五分五分とすることで和解が成立しました。

『別冊判タ』は有用だけど……

事故の過失割合を検討するにあたり、『別冊判タ』は思考経済の面からも有用であり、実務はこれに沿って動いていることは間違いありません。もっとも、当然のことながら、『別冊判タ』が全ての事故類型を網羅しているわけではありませんし、その基準にさえ従っていれば適正・妥当な解決を図ることができるというものでもありません。かえって過失割合が基準化されることで裁判所もそれに引っ張られ、個別の事情を詳細にみなくなるという弊害を感じることもあります。『別冊判タ』にない事故類型を扱う場合や、『別冊判タ』の見解とは異なる過失割合を主張しようとする場合は、個々の事案の個別の事情や特殊性を丁寧に取り上げて主張・立証することが重要なのだと実感した体験でした。

ワンポイントアドバイス

『赤い本』下巻「裁判官等講演録」は保存すべし

『赤い本』には、毎回、裁判官等の講演録が掲載されていることはほとんどの読者がご存じだろうと思いますが、これを事案解決にどの程度活用されているでしょうか。この講演録は、公益財団法人日弁連交通事故相談センター東京支部が、毎年開催している、東京地方裁判所交通専門部の裁判官等による最新の民事交通事故訴訟の動向や、注目すべき争点等についての講演の内容が収録されているものです。その内容は、極めて実務的で、近似の裁判例の傾向や理論的考察など大変示唆に富んでいます。

当該争点について、多数の事案に直面する交通専門部の裁判官が検討した一定の見解や判断基準等は、訴訟の場面における裁判所の思考方法や判断要素を推察するにあたって大いに参考になります。

次ページには、近年の『赤い本』下巻の裁判官等講演録のテーマを項目ごとに並べ変えた一覧表を掲載しましたので、同種の争点・論点に関する事案を担当された際には、是非一読されることをおすすめします。『赤い本』上巻（基準編）は、毎年発刊されますので、書棚を入れ替えて最新版を利用できるようにすればよいですが、下巻（講演録編）はバックナンバーを保管して必要なときに参照できるようにしておくのがよいでしょう。

裁判官等講演録のテーマ一覧（2002年～2023年）

分野		テーマ	収録年度
人身	医学知識	後遺障害等級認定にかかわる医学的基礎知識	2003
		症状固定について	2013
		頚椎加齢性疾患と頚部損傷	2011
		下肢骨折の形態と機能障害、その問題点	2009
		核医学とは何か～画像から何がわかるのか～	2006
		交通事故に関係する精神医学的問題	2014
	逸失利益	逸失利益の現価算定の基準時	2003
		減収がない場合における逸失利益の認定	2008
		家事労働の逸失利益性	2003
		事業者の基礎収入の認定	2006
		赤字事業を営む経営者の休業損害と逸失利益の算定における基礎収入額	2014
		会社役員の休業損害・逸失利益	2005
		特殊な職業と後遺障害による逸失利益	2013
		女子年少者の逸失利益算定における基礎収入について	2018
		給与所得者の休業損害を算定する上での問題点	2018
		賃金センサスによる基礎収入額認定上の問題点	2019
		減収がない場合の消極損害（休業損害及び逸失利益）	2022
	労働能力喪失率	労働能力喪失の認定について	2006
		労働能力喪失の認定について	2005
		12級又は14級の後遺障害等級において労働能力喪失率表より高い喪失率が認められる場合	2008
		加重障害と損害額の算定	2006
		脊柱変形の障害による労働能力の喪失について	2021
	高次脳機能障害	「脳外傷による高次脳機能障害事案」の相談における留意点	2014
		高次脳機能障害の要件と損害評価	2005

	高次脳機能障害の等級認定	2023
RSD	CRPS（RSD）の後遺症による損害の額の算定について	2013
	RSD（反射性交感神経性ジストロフィー）について	2006
醜状	外貌の醜状障害による逸失利益に関する近時の裁判実務上の取扱いについて	2011
	外貌醜状に関する逸失利益、慰謝料をめぐる諸問題	2020
特別類型損害算定	高齢者の損害算定に伴う諸問題	2014
	施設入所中の重度後遺障害者の損害算定に関する諸問題	2008
介護費	重度後遺障害の将来介護費の算定に関する諸問題～職業付添人による介護を中心として	2011
	後遺障害等級３級以下の場合の将来介護費	2020
	重度後遺障害の将来介護費の算定に関する諸問題～施設関係費用、介護保険給付の扱いを中心に	2021
慰謝料	慰謝料増額事由	2005
	被害者死亡の場合における近親者固有の慰謝料	2017
治療費	東洋医学による施術費	2003
	整骨院における施術費について	2018
付添費	入院付添費について	2016
生活費控除	生活費控除を巡る問題	2009
	事故後の親族関係の異動と生活費控除率等への影響	2002
減額事由	素因減額	2009
	労災保険給付がある場合における損害の填補額の計算（第三者行為災害事例）	2002
	心因的要因を理由とする減額	2017
定期金賠償	定期金賠償判決に伴う諸問題	2013
	後遺障害逸失利益についての定期金賠償方式が認められる事実～最判令和２年７月９日（民集74巻４号1204頁）の射程～	2022

	受傷	受傷の有無が争点となる事案	2023
	非器質性精神障害	非器質性精神障害をめぐる問題	2019
物損	改造車	改造車における修理費用及び車両価格の算定	2005
	評価損	評価損をめぐる問題点	2002
	代車	代車の必要性	2006
		代車使用の認められる相当期間	2003
		代車費用に関する諸問題（①将来の代車費用、②相当な代車費用の範囲等）	2022
	リース	オープン・エンド方式のオペレーティング・リース契約を中途解約した場合、ユーザーが負担する中途解約違約金について	2015
	慰謝料	物損に関連する慰謝料	2008
	請求権者	物損（所有者でない者からの損害賠償請求）について	2017
	全損	全損事故における損害概念及び賠償者代位との関係	2019
	休車損害	特殊車両の休車損害など	2023
過失	基本類型	自転車同士の事故の過失相殺	2014
		自転車同士の事故の過失相殺基準（第一次試案）	2014
	ETCレーン	ETCレーンでの事故の過失割合について —中間報告—	2013
		過失相殺に関する若干の問題点について ～ETC車線における追突事故と過失相殺・非常点滅表示灯の使用の有無と過失相殺～	2009
	シートベルト	後部座席シートベルト、チャイルドシート不装着の場合における過失相殺	2016
	駐停車車両	駐車車両等に衝突した運転者の過失割合	2002
		高速道路における停車車両の過失相殺	2003
	駐車場	駐車場内における事故の過失相殺について	2011
	自転車	横断自転車と左折四輪車との衝突事故における過失相殺	2010
	歩行者	歩行者が加害者となった場合の過失相殺	2005

	719条	交通事故訴訟における共同不法行為と過失相殺	2006
責任	過失相殺	被害者側の過失	2010
		非接触事故の過失割合について	2022
	運行供用者責任	運行供用者責任（バス乗降中の事故）	2015
		子の自動車事故と親の運行供用者責任	2010
		責任能力の有無が微妙な年齢の未成年者が自転車事故を起こした場合の親権者の損害賠償責任	2015
		盗難車両と車両所有者の責任	2021
	飲酒	飲酒運転をめぐる関係者の損害賠償責任	2009
	疾患	運転者の疾患による責任無能力と賠償義務	2014
	共同不法行為	共同運行供用者と他人性	2010
		交通事故訴訟における共同不法行為	2008
		時間的、場所的に近接しない複数の事故により同一部位を受傷した場合における民法719条１項後段の適用の可否等	2016
		同乗減額と共同不法行為	2003
その他	人身傷害補償保険	人身傷害補償保険金と自賠責保険金の代位について	2011
		いわゆる人傷一括払における代位に関する協定の効力	2023
	時効	後遺障害と消滅時効・除斥期間について	2010
		交通事故による損害賠償請求権の消滅時効の起算点について	2002
	証拠	映像記録型ドライブレコーダに記録された情報と交通損害賠償訴訟における立証	2015
		映像記録型ドライブレコーダを活用した事故分析と交通安全	2008
		刑事記録等の取り寄せ方法について	2006
	請求権	内縁配偶者と相続人の損害賠償請求権の関係	2002
	被害者保護制度	政府保障事業について	2014
		自賠責保険における被害者保護制度について	2010
	間接損害	間接損害（従業員が死傷した場合の会社の損害）	2021

	法令規定	民事交通訴訟における債権法改正の影響	2020
	民事訴訟	債務不存在確認請求訴訟をめぐる諸問題について	2020
	その他	先進安全自動車の開発からみた交通事故	2013

Method
02

初期対応

▸ 早期受任のススメ

――交通事故事案においても、他の事案においても、早い段階で代理人弁護士として活動することにメリットがあることは、共通といえる。そこで、本Methodでは、弁護士の早期受任のメリットを中心に話したいと思う。

交通事故事案も、他の事案と同様、早い時期からの受任が大切！

読者の皆様の中には、交通事故事案は、相談者（被害者）の症状が固定（または治癒）してからでないと加害者側と交渉できない、とお考えの方もいらっしゃるのではないでしょうか。

確かに、症状が固定してからでなければ、後遺障害等級の事前認定の手続もとれませんし、最終的な示談交渉もできません。また、医学・治療に関して知識・責任もない弁護士が、「治療を続けてください」とか「治療を中止してください」とはなかなか言うことはできません。

しかし、弁護士が早い時期から受任したことで、加害者側と治療費等に関する事実上の合意を事前に得ることができ、証拠資料を漏れなく揃えることができるなどして、相談者に有益な解決ができたという事案は多々あります。

見通しをきちんと説明して、安心してもらおう！

交通事故に限ったことではありませんが、きちんとした見通しを伝えることで、相談者の不安は解消され、安心して治療・回復に専念できます。

また、同時にやるべきこと、注意すべきことを伝えるとともに、賠償として認められないもの（例えば、被害車両のグレードを大幅に超える代車請求、必要性に疑問のあるタクシー利用など）については、「認められない」ないし「困難である」とはっきり伝えた方がよいでしょう。

証拠の散逸を防止しよう！

交通事故に限ったことではありませんが、証拠の散逸は防がなければなりません。

相談者は、領収証、レシート等を紛失しがちです。特に長期にわたって入通院が継続することが予想される場合、相談者が領収証等を紛失してしまうだけでなく、費用を支出したこと自体を失念してしまうこともあります。そのため、場合によっては、定期的に領収証等を弁護士宛てに送ってもらった方がよいケースもあると思います。

証拠の中には、ドライブレコーダーの映像等、保存期間が限られているものもあります。また、事故車両の写真は、当該車両の修理が完了してしまいますと、撮影することはできません（相手方の保険会社がこちらの意図する写真を撮影しているとは限りません）。

このような証拠については、直ちに証拠を保全するよう具体的に助言したり、時には代理人として自ら保全に動くことも必要になります。

被害救済のための選択肢の提示・助言をしよう！

言うまでもなく、加害者側に損害賠償請求をするだけが、被害の救済手段ではありません。事案によっては、健康保険または労災保険から給付を受けたり、相談者が加入している人身傷害補償保険等から、保険金の給付を受けた方がよいケースもあります（詳細はMethod 9、10参照）。

また、不幸にも重篤な後遺症が残ってしまうことが予測される場合には、介護保険を申請したり、身体障害者手帳を取得する等、福祉サービスを受けることも選択肢に入れなければなりません。福祉サービスについても助言できることが一番ですが、その内容や申請手続がわからない場合も多々あります。そのような場合には、相談者と一緒に市区町村へ相談に行くだけでも有益でしょう。

病院・医師とも連携しよう！

重篤な後遺症が残ることが予想される事案では、今後の方針を立てる意味でも、早い段階で、主治医の話を伺っておいた方がよい場合もあります。「医師面談」という堅苦しいものでなくても、相談者（患者）の診察やリハビリに同行・同席するという方法でも、十分に相談者の状態を把握することができると思います。

また、治療継続中においても、主治医に状況を確認・相談したり、各種書類の作成をお願いすることも大切な活動です。特に後遺障害診断書を作成してもらう際には、医師に後遺障害等級認定のポイントを意識してもらえるようによく話し合っておくと、後遺障害等級の認定を円滑に進めやすいと思われます。

早い段階から保険会社に対する窓口になる！

言うまでもなく、加害者側と交渉することが、弁護士としての活動のメインになります。

相談者の中には、加害者側の保険会社が治療費や休業損害の支払いを終了させてから時間が経って、はじめて弁護士に相談に来るという方も少なくありません。そのようなケースの中には、事故当初から相談に来てくれれば結果は違っていたのに、と思ってしまうケースも存在します。

早い段階から受任して、窓口を務めることのメリットは、交通事故においても、交通事故以外の事案においても共通と考えてよいでしょう。

体験談１

早期受任における心がけ

弁護士４年目　男性

交通事故案件においては、適切な頻度で通院してもらったり、領収証等をきちんと保管してもらったりするなど、被害者にも一定の行動をお願いすべきことがあります。

そのため、私は、交通事故案件についてはできる限り早期に受任し、依頼者に対して適宜必要なアドバイスを行うことを心がけています。以下、いくつかの経験談をご紹介します。

人身事故として警察に届け出ること

交通事故の相談で時々見受けられるのが、人身事故であるのに、被害者が警察に対してそもそも交通事故の届出をしていない、または届出をしているものの人身事故としての届出をしておらず物件事故扱いとなっているケースです。先日法律相談にいらっしゃった方からも、「昨日交通事故に遭ったのだけど、通勤途中だったから急いでいたし、相手のトラックの運転手も『絶対に保険会社から賠償の連絡があるので、警察には言わないでほしい』と言われたから届け出ていない。これからどうしたらよいのか」という相談を受けました。

確かに、さまざまな事情から警察に届け出るのを躊躇される方もいらっしゃるかもしれません。しかし、警察への届出をしなければ交通事故証明書を取得することができず、後の保険金請求の手続が面倒になります。また、警察へ届け出なければ、実況見分調書も作成されません。後になって事故態様を争われた場合には、実況見分調書があるのとないのでは相応の違いが生じてしまいます。そのため、上記の相談の際にも、「今からでも構わないので、警察に人身事故として届け出て、事情を説明することをおすすめします」と助言して、相談者に警察への届出をしてもらいました。警察への届出をしていないという方は時々見受けられますので、人身事故として届け出ているかどうかの確認は怠らないようにしています。

依頼者の自己流判断に注意！

依頼者が自己の判断でタクシーを利用したり、整体に行ったりした場合には、タクシー利用料や施術費が損害として認められない場合があるので、注意が必要です。

過去には、交通事故に遭った後、病院への移動、会社への行き帰り等に全てタクシーを利用し、「領収証は全部取ってあるから、後から請求したい」という方がいました。被害感情を考えると、被害者がタクシーを利用する気持ち自体は十分理解できます。

しかし、残念ながら、通院・通勤に公共交通機関を利用できる状態・症状であるにもかかわらずタクシーを利用しているような場合には、裁判所は因果関係が認められないとして、タクシー利用料を損害として認めません。

もちろん、足を骨折している場合等公共交通機関を使用するのが困難な場合には、タクシー利用料は損害として認められることが多いでしょう。ただし、そのような場合でも、依頼者が自らの判断でタクシーを利用するのではなく、受任した弁護士が相手方保険会社にその旨を連絡して、あらかじめ確認をとっておくなどの調整をすることで、後々の争いを少なくすることが望ましいです。

通院の場合でも同様のことがいえます。過去には、傷害を負った腕や頸椎の治療を受けていたバイク事故の被害者から、体全体がだるくなったので今後は整体でも施術を受けたい、整体の施術費を加害者に支払ってもらえるのか、という相談を受けました。

整体、鍼灸、マッサージ等は医師法による医師の資格を有しない者による「施術」であることから（特に整体は、接骨院・整骨院における柔道整復師という国家資格保持者による施術とは異なり、国家資格を要しません）、原則として医師の指示がない限り、賠償として認められません。医師の指示がない場合には、施術の必要性・有効性、施術期間、施術内容、施術費の相当性に関する具体的な主張・立証が奏功した場合に、はじめて損害として認められるものです。

そのため、私は、被害者に上記の点を説明したうえで、医師による指示を受けるよう助言しました。本件では、医師の指示を受けることができたこと、施術期間も短かったこと、一定の効果も認められたこと、賠償総額も比較的少額であったことから、相手方保険会社も整体の施術費を損害として認め、無事示談することができました。

なかには、通院を躊躇する被害者も！

依頼者の中には、加害者やその保険会社から連絡を受けないと、本当に治療費等の支払いを受けられるのか不安になって、継続的に通院するのを躊躇してしまう方も時折見受けられます。なかには、「相手からまだ連絡がないので、最初に運ばれて以降は病院に行っていません」という話を耳にすることもあります。

このような被害者に対しては、適切な治療を受けるよう、弁護士が後押しすることが大事だと考えています。私は、加害者の保険会社にすぐに連絡を入れ、治療を継続することを了承してもらいました。また、被害者の中には、医師に遠慮して、その時点で最も痛みの強い部位や気になる部位だけを訴え、その他の疼痛や部位を申告しない方もおられます。一例を挙げますと、被害者が医師に対して、受傷当初は「右肩を打ったので右肩が痛い」と訴えたため、診断書には「右肩打撲～」と記載されていたところ、その後、右手の肘から先に痺れが強く出てきたことから、医師に痺れの症状だけを訴えた（右肩の痛みを訴えなかった）ケースがありました。

このケースでは、医師の方も右肩の痛みは消失ないし軽快したと誤解したようでした。そして、後の裁判では、加害者側に「被害者のカルテには、ある一定の日（右手の痺れを訴え始めた日）から、右肩の痛みに関する記載がなされていない。そのため、その日には右肩の痛みは消滅していた」等と主張されたりもしました。

このような経験から、私は、被害者に対しては、医師に遠慮せずに、気になるような痛み・症状をきちんと訴えるよう、助言しています。

また、治療中の被害者に対しては、「仕事が忙しいなどで痛みを我慢して通院しないと、後で『通院するほどは痛くなかった』と評価されてしまうこともあります。そうすると、仕事が忙しくて通院することができない真面目な人ほど、損害が低く算定されてしまうという理不尽な結果になってしまいます。『痛み』は外からはわからないので、通院状況を目安に判断されてしまいがちです。ですので、痛い場合には、我慢せずに通院してください。でも、痛くもないのに通院するのは詐欺になるので、だめですよ」といった助言をすることによって、適切な頻度で病院に通ってもらうように心がけています。

体験談 2

着手金の決め方

弁護士 5 年目　女性

「3 日前に事故に遭ったんです」

約 5 年前に私が自己破産の申立てを受任したＡさん（免責決定済み）から、ある日突然、事務所に電話がかかってきました。

「ご無沙汰しております。その節は大変お世話になりました」

Ａさんは男性で40歳代、大柄でとてもお元気な方であったはずなのに、声に張りがありません。私が、「どうされたのですか」と尋ねると、「3日前に、車を運転していたら、対向車がセンターラインをはみ出してきて、私の車に衝突したんです。私は、むち打ち症で、事故の日から病院に通っているんですが、なかなかよくならなくて。加害者に対して治療費や車の修理代などを請求したいのですが、加害者は、私の方がセンターラインをはみ出してきたと言い張っていて、相手方の任意保険会社もどちらに過失があるのかわからないと言って、治療費も払ってくれないんです。お金もかかるし、これからどうしたらよいかわからなくて。事務所にご相談に伺ってもよろしいですか」と言われ、私はびっくりしました。それまで私が経験した人身事故の被害者からのご相談というと、ある程度治療が進んだ段階になってからのご相談ばかりで、事故直後の方からのご相談というのは初めてだったからです。

すぐに私のことを思い出してくださったことは嬉しかったですし、翌日打合せを入れられる時間も空いていましたので、早速翌日Ａさんに事務所に来ていただくことにしました。

経済的利益が未確定

Ａさんは、約５年前に消費者金融に対する借入金の支払いが困難となり、自己破産をした方です。現在は、正社員として勤務されているとのことですが、奥さんと５人のお子さんを抱える身でいらっしゃるため、生活費がかかり、金銭的余裕はないとのことでした。そして、Ａさんご自身や家族が加入している保険を調べてみても、Ａさんが今回の弁護士費用の支払いに使うことができる弁護士費用特約（以下「弁護士特約」といいます）もありませんでした。

そのような状況の中、相談にいらっしゃった日は、事故日からまだ3日しか経っていない、まさに事故直後でしたので、今後治療がどのくらい続くのか、過失割合がどうなるのかも見通しは立ちませんでした。そうなると、相談日の時点では、損害賠償請求額が確定していないので経済的利益を算定することができず、経済的利益を基準とする着手金の計算ができませんでした（(旧）日弁連報酬等基準に準拠して自分の弁護士報酬に関する基準を定めています)。

このような事情から、Ａさんのお話を聞き終わった段階ではまだ、私は受任すべきかどうか迷いがありました。

しかし、Ａさんから、「今こうやって家族と生活ができているのも、迅速に破産手続していただいたおかげです。ありがとうございました。またご迷惑をおかけしますが、今回の交通事故も是非お願いしたいのです」と懇請されてしまいました。私は、家族を抱えて頑張っていらっしゃるＡさんを応援したい気持ちになり、また、以前の自己破産の申立ての際には、資料の準備などいつも真面目に対応してくださったことも思い出して、今回の交通事故の損害賠償請求事件も受任させていただく方向で話を進めることにしました。

ただし、相談日には、具体的な着手金の額を決めかねていましたので、Ａさんには、「当事務所の弁護士報酬基準では、通常、着手金の額は、経済的利益つまり損害賠償請求額の何パーセントという決め方をしているのですが、今回はまだ未確定の部分がありますので、どのように着手金をご請求させていただくかは、追ってご連絡させてください。そのうえで、あらためて私に委任なさるかどうかをお決めいただければと思います」と言って、その日の相談は終了しました。

同期の弁護士のノウハウ

私は、勤めていた法律事務所を辞めて独立したばかりで、事務所内には相談できる先輩弁護士や同僚弁護士がいませんでした。そこで、交通事故事件に詳しい同期の弁護士に電話をして、事故発生直後の事案対応で注意すべき点や着手金の額の決め方について相談することにしました。

その弁護士の場合は、まだ損害賠償請求額が確定しておらず経済的利益の額がわからない段階では、最初の着手金として10万円や20万円など一定額の着手金を受領し、損害賠償請求額が決まったらそれに応じた着手金を再計算し、最初の着手金との差額を追加着手金として請求するとのことでした。ただし、弁護士費用算定の基準となる経済的利益は、認定の見込み等を考慮し、当然に請求額どおりとしてよいとは限らないとのことでした。さらに、その弁護士からは、交通事故の場合には、自動車損害賠償責任保険（以下「自賠責保険」といいます）の被害者請求（Method 19の体験談１参照）により損害賠償額の支払いを受けて、その一部を追加着手金に充てることも可能であるというノウハウも教えてもらうことができました。

無事解決

私は早速、同期の弁護士から教えてもらった方法で着手金の見積りを提示し、無事、Ａさんとの間の委任契約を締結することができました。

その後、Ａさんの件は、事故直後から受任したことで、治療費をはじめとする各損害の証拠を散逸させることなく揃えることができたこともあり、無事、事案解決を迎えました。

ワンポイントアドバイス

早い時期に受任して、悩ましいことも……

これまで早期受任のメリットばかりを述べてきましたが、最後に早期受任で悩ましい面があることもお伝えしたいと思います。

相談者から、××病院でも治療を受けても大丈夫でしょうか、あと何か月治療を続けてよいでしょうか、鍼灸院で施術を受けても大丈夫でしょうか、といった質問を受けることがあります。

相談者が受けた治療の全てについて交通事故との相当因果関係が認められるわけではありません。また、体験談1にあるように鍼灸、マッサージ等の施術費が損害として認められるためにはそれなりの条件が必要になります。そのため、安易に「治療を受け続けても大丈夫です」、「辛いなら鍼灸院で施術を受けましょう」と答えることはできません。

かといって、損害として認められないリスクばかりを説明していたら、かえって相談者に不安を与えることになり、信頼関係が揺らいでしまいます。

類似案件を調査すれば、どの程度の通院までは認められる、本件は××であるから、この程度の鍼灸施術は大丈夫だ、と予測することはできます。ただし、弁護士は医学の専門家でもありませんし、治療に関する責任まで負うことはできません。やはり、治療については、最終的に主治医と相談して患者本人に決めてもらうことが、穏当であると考えます。

とある弁護士は、相談者が、「あの治療を受けていればよかった」、「なんで治療を止めてしまったのだろう」と後悔せずに症状改善へ向けて積極的に治療を受けることを最優先に考えて、賠償額（お金）の話は二の次であると相談者を説得するようです。もちろん相談者の性格、置かれた状況にもよりますが、相談者に対する対応の一方法としては、参考になります。

　また着手金をどのように算定するかも悩ましいところです。早い時期では、治療が今後どのくらい続くのか、後遺症が残ってしまうのか（残る場合、後遺障害等級が何級になるのか）、過失相殺はされるのかなど、はっきりしないことがたくさんあります。そのため、相談者が受けられる賠償額（経済的利益の金額）が不明確なまま、着手金をいただくことになります。また、傷害によっては「大した怪我ではない」と思って、着手金を低めに設定したら、なかなか症状が固定しなかったというケースもあります。

　着手金の算定・請求方法に「正解」はなく、弁護士によってさまざまだと思いますが、弁護士倫理上の観点に留意しつつ相談者にきちんと説明し、相談者が納得すれば問題ありません。体験談２のような算定・請求方法も１つの有用な方法ではないでしょうか。

Method

03 一括社の役割

▶ 実務の運用を押さえよう

――人身事故の賠償実務では、一括社である保険会社が非常に重要な役割を果たしている。代理人弁護士が、依頼者に一括社の役割をわかりやすく説明し、一括社についての理解を深めてもらうことで、無益なすれ違いを回避し、示談交渉をスムーズに進められる場合がある。

一括社とは？

対人賠償保険は、自賠責保険の限度額超過分をカバーする上積み保険です。そのため、本来であれば、被害者は、まず自賠責保険会社から支払いを受け、その限度額を超えた分のみを対人賠償保険会社に請求すればよいのかもしれません。しかし、現在の保険実務では「一括払制度」が導入されており、被害者が自賠責保険会社に対する請求を行うことなく、相手方の対人賠償保険から自賠責保険分を含めた損害賠償金を一括して受領することができるようになっています。この制度は、交通事故被害者保護の要請から導入された保険会社のサービスの一環であり、被害者の請求手続の簡便化及び実費賠償の迅速化を実現するものです。この「一括払制度」を行う対人賠償保険会社を「一括社」と呼ぶことがあります。

一括社は、損害賠償額の確定を待たずに治療費や休業損害等を支払ってくれるのですから、被害者にとってはありがたい存在のはずですが、法律相談に訪れる方の中には、一括社に対する不信感を抱いている方もいます。

被害者が一括払手続を十分に理解していないことや、一括社の考える適正な賠償額と被害者が求める賠償額との相違から、一括社から不誠実な対応をされたと被害者が受け止めてしまうことが原因であると考えられます。そうした被害者と一括社とのすれ違いが一度生じてしまうと、示談交渉が一気に暗礁に乗り上げ、紛争の早期解決を妨げる要因になりかねません。

一括払手続と「同意書」

一括社は、一括払を行う手続上、被害者に対して「同意書」を送付し、署名・捺印して返送するよう求めます。「同意書」の提出は、義務ではありません。しかし、一括社が治療費を支払うために医療機関から診断書やレセプト等を取得したり、治療状況や症状固定の判断等について主治医に医療照会を行うために必要不可欠な書面ですので、「同意書」を返送しないと、一括払手続がとれず、被害者が治療費を立て替え続けなければならないという事態に陥ることもあります。

しかし、一括社に対して不信感を抱いている被害者の中には、「同意書」の提出が自己に不利益を及ぼすことを懸念して、提出を躊躇したり、拒否する人がいます。依頼者から「同意書」の提出に関する相談を受けた場合には、一括払制度の趣旨や「同意書」の必要性について十分な説明を行い、まずは依頼者の不安を払拭することから始めましょう。

治療費支払いの終了と「同意書」

一括社は、被害者の症状の軽重にもよりますが、多くの場合には、一般的な治療期間が満了すると思われるタイミングで、症状及び治療経過等の確認に必要な医療調査を行うため、被害者に対して、「同意書」を送付します。一括社は、「同意書」の提出を受けて医療調査を行い、症状固定と判断した場合には、治療費の支払いを終了しますが、いまだ症状固定に至っていないと判断されれば、治療費の支払いが継続される可能性もあります。

仮に、被害者が「同意書」を提出せず、一括社が医療調査を行えなかった場合には、症状及び治療経過等の確認ができない以上、一括社は治療費の支払いを終了せざるを得ないと判断することになるでしょう。

つまり、医学的所見から症状固定と認められる場合には、「同意書」を提出してもしなくても、治療費の支払いは終了しますが、医学的所見から症状固定に至らないと認められる場合でも、一括社が医療調査によりその事実を確認できなければ、治療費の支払いは継続されない可能性があるということです。依頼者が「同意書」の提出を出し渋っているような場合には、上記のような一括払の仕組みをわかりやすく説明する必要があるでしょう。

治療費支払いの終了と治療の継続

一括社が治療費の支払いを終了させると、依頼者の中には、「まだ痛みが残っているのに、一方的に治療を打ち切られた！」と憤慨し、一括社に対する不信感を募らせることがあります。このような依頼者に対してどのようなアドバイスができるでしょうか。

一括社は、一般的に症状固定するのが相当と考えられる時期を目安に支払いを終了します。しかし、その後も治療継続の必要性、相当性が客観的に認められる場合には、裁判外紛争解決手続申立てや訴訟提起により治療費の賠償を受けられる可能性があります。ですから、一括社による治療費の支払いが終了したからといって、直ちに通院を中止するのではなく、依頼者に対して実費負担になるリスクがあることを十分説明し、それでもなお治療を継続したい場合には、保険診療に切り替えて受診するようアドバイスしましょう。

また、治療を継続する際には、後の治療費の請求を見据えた準備をしておくことが肝要です。例えば、「治療の継続を要する」と記載された医師の診断書を取っておいたり、通院頻度に関するアドバイス（少なくとも週に一回程度は定期的な通院をするなど）をすることで、治療の必要性を裏付ける資料を揃えておきましょう。

後遺障害等級の事前認定と被害者請求

一括払制度は、一括社の自賠責保険会社に対する求償権の行使が前提となっています。ですから、一括社は、自賠責保険に求償する前（「事前」）に、後遺障害の有無及び等級、被害者の重過失減額該当の有無などに関し、あらかじめ求償可能な賠償額を確認しておく必要があります。これが「事前認定」と呼ばれる手続です。被害者が事前認定で後遺障害等級の認定を受ける場合には、一括社が資料の収集、申請など、一切の手続を行いますので、被害者は、後遺障害診断書を一括社に提出するだけで、簡便に等級認定を受けることができます。

他方、自動車損害賠償保障法（以下「自賠法」といいます）16条に基づき、被害者が自賠責保険会社に対して直接後遺障害等級の認定を申請し、賠償金の支払いを求める手続を「被害者請求」と呼びます。被害者請求による申請は、一括社を経由しませんので、後遺障害診断書のほか、等級認定に必要な一切の資料を自ら収集し、自賠責保険会社に提出しなければなりません。

このように、手続上の利便性という点から、「事前認定」により後遺障害等級の認定を受けるケースが多いようです。しかし、後遺障害等級の認定は、賠償額に大きく影響しますから、依頼者の中には、その重要な申請手続を（利益が相反する）一括社に一任することに抵抗を感じ、「被害者請求」による申請を求める方もいます。

被害者請求のメリット

「被害者請求」には手続の煩が伴いますが、その分メリットもあります。第１のメリットは、賠償金を早く受領できることです。事前認定では、支払手続も一括社経由になりますので、原則として示談が成立するまで賠償金を受け取ることはできませんが、被害者請求では、自賠責保険会社から被害者に直接賠償金が支払われます。第２に、被害者が申請書類を精査・把握して提出できることです。事前認定では、一括社が全ての申請手続を行いますので、被害者は、後遺障害診断書のほかにどのような資料が提出されるかを把握することができません。他方、被害者請求では、被害者自身がより高い等級の獲得を目指して、自ら資料を収集・精査し、有利な資料のみを提出して申請することができますから、仮に希望どおりの結果を得られなかったとしても、「やるだけのことはやった」と被害者が納得できる場合もあるでしょう。

「事前認定」と「被害者請求」のメリットとデメリットを十分理解し、事案に応じた使い分けができるようにしておきましょう。

体験談１

同意書は出さないといけない？

弁護士３年目　男性

ある日の相談

　追突事故の被害に遭ったＡさんから相談を受けました。追突した車を運転していたのはＢさんでした。Ａさんは、頸椎捻挫及び腰椎捻挫の傷害を負い、整形外科への通院と並行し、整骨院での施術を受けていました。Ａさんは、Ｂさんが加入する任意保険会社から一括払の対応を受け、病院、整骨院へ直接治療費を支払ってもらっていました。

　事故後約４か月が経過する頃、一括社の担当者からＡさんに対し、「医療調査をさせていただきたい。医療調査用に新たに同意書を送るので、返送をお願いします」との連絡が入り、その同意書が送られてきたとのことで、「この同意書は提出しないといけないのでしょうか」と相談にいらしたのでした。

治療費の打ち切りは同意書のせい？！

　Ａさんは、一体何のために一括社が医療調査を行う必要があるのかわからず、同意書を提出することにためらいがある様子でした。誰だって、目的もわからないまま、自分の情報を第三者間でやり取りされることには抵抗があるでしょうから、Ａさんが躊躇するのも無理はないと思いました。ですが、少しずつ交通事故事案にも慣れ、「同意書→医療調査」という流れが当たり前という感覚になりつつあった当時の私は、「被害者から同意書を取って医療調査するのが実務では通常の流れなんですよ」などと説明のようで全く説明になっていない話をしてしまいました。結局、Ａさんは、渋々同意書を提出しました。

その後、２か月近く経った頃、保険会社から「治療費の支払いを終了させていただきたい」と連絡が入りました。軽微な事故で、画像上の異常所見はない、自覚症状のみであり、医師も一進一退の状態と言っている……等の理由でしたが、Ａさんからは、「同意書を出したせいでこんなことになったのではないか！」と責められてしまいました。Ａさんを憤慨させてしまったのは、私のＡさんに対する説明が不十分であったせいだと今では深く反省しています。では、あの時、私はどのような説明をすればよかったのでしょうか？

同意書の提出は何のため？

賠償金は、相当因果関係が認められる範囲で支払われるものですから、治療の必要性、相当性がなく、事故との間に相当因果関係が認められない場合に治療費が支払われないのは、ある意味当然のことです。

ですから、一括社としても、一般的に症状固定の時期であると判断される時期が到来すれば、自ら医療調査を行い、治療の必要性や治療内容の相当性の有無を確認しようと考えるのが自然です。

見方を変えれば、「医療調査にかかる同意書の提出を求められた」＝「一括社が治療費の支払終了を検討し始めた」と捉えることができるのかもしれません。いずれにしても、示談交渉なのですから、Ａさんにはまだ治療が必要なのだと一括社を納得させないことには、治療費を支払い続けてもらうことはできません。つまり、同意書を提出して一括社の医療調査に協力することは、示談交渉を円滑に進めるために必要な手続だということができます。

私があの時、このような説明をわかりやすくＡさんにお話しできていたならば、Ａさんを怒らせずにすんだのだと思います。

もし、同意書を出さなかったら?

では、同意書を提出していなかったらどうなっていたでしょうか？それでも、おそらくＡさんの治療費の支払いは終了していたでしょう。同意書の提出要請が治療費の支払終了のサインであるとすれば、一括社がその後の治療の必要性を確認できないまま治療費の支払いを続けることは通常考えられないからです。

治療費の支払いを終了すると言われたら?

終了したのは「治療」ではなく「治療費の支払い」にすぎません。Ａさんが痛みを感じ、引き続き治療を受けたいと希望するのであれば、通院を継続すること自体に問題はありません。ただし、一括社が治療費の支払いを終了したということは、その後の通院と事故との相当因果関係を認めないということですので、任意に支払いを受けられる見込みは低く、後に訴訟を提起してもこの点が争われ、損害として認定されなければ自己負担となってしまうリスクがあります。本件では、症状固定後のＡさんの治療費が損害として認定されるかどうか微妙な事案だと考えましたので、Ａさんの承諾のもと、一括社の担当者にＡさんの症状を説明し、「あと３か月間だけ治療費の支払いを続けてもらえないか」と交渉してみました。そうしたところ、２か月分の通院については一括社が支払いを継続してくれることになりました。Ａさんにもその結果に納得してもらうことができ、その後２か月で治療を終えることになりました。途中の説明が不十分だったので結果オーライではありますが、その後は、比較的スムーズに示談を成立させることができました。

体験談 2

事前認定のデメリット解消法

弁護士４年目　女性

後遺障害診断書の取得

交通事故で重傷を負ったＡさんから、示談交渉を委任されました。幹線道路を走行中、居眠り運転の対向車がセンターラインを越えてＡさんの運転車両に正面衝突し、Ａさんは、内臓破裂、右肩骨折の重傷を負いました。３か月の入院の後、１年間の通院期間を経て、ようやく症状固定に至った時点で、今後の請求手続についてＡさんと打合せを行いました。Ａさんと主治医との間では非常に良好なコミュニケーションが取れていましたので、私は、Ａさんの主治医に面談を申し込み、Ａさんの症状についての詳細を伺うとともに、後遺障害診断書の記載の法的なポイントについて簡単に説明させていただく機会を得ました。後遺障害診断書は、後遺障害等級に大きな影響を及ぼす認定の要です。しかし、後遺障害診断書は、賠償医学の観点による記載が求められる一方、一般的な医師は、臨床医学が専門であり、その記載に慣れているわけではありません。ですから、医師に（等級の取得が可能な）後遺障害診断書を記載してもらうのは、決して簡単なことではないのです。幸いなことに、面談が功を奏し、Ａさんの主治医には、等級の取得に必要な事項が的確に記載された後遺障害診断書を書いてもらうことができました。

被害者請求でやってください

「よかったですね。この診断書なら適正な等級を認定してもらえると思いますよ」とAさんに話したところ、Aさんから「ところで、申請の方は、被害者請求でやってもらえるんですよね？」と聞かれました。

Aさんは、事故に遭ってから頻繁にインターネット上で交通事故関連のサイトを閲覧するようになったそうですが、一部のサイトに「一括社による事前認定は、被害者に有利な資料を提出しない可能性があり、被害者に不利な意見書を添付して申請されることがあるので、被害者請求の方が有利」などと書かれていたため、事前認定では適正な等級が認定されないのではないかと不安を抱いたということでした。

私は、Aさんに対し、被害者請求でも自賠責保険会社は一括社の意見を求めること、被害者請求では自賠責保険会社から直接支払いを受けるメリットがある一方で、医療記録等全ての添付資料の原本を自ら集めて提出しなければならないこと等を説明しました。

Aさんは数回の手術を行っているうえ、内臓破裂と骨折という複数の傷害を負ったために異なる診療科で治療を受けていたことから、カルテ、経過診断書、レントゲン・MRI・CT画像等、大量の医療記録が存在するところ、それらの医療記録の取寄せには相当な費用がかかることが予想されました。しかし、記録の取寄せ費用は、保険会社に立て替えてもらうことができませんので、全てAさんの負担になってしまうことを説明しました。また、後遺障害診断書の記載から、本件は事前認定でも適正な等級が認定される可能性が高いこともお話ししました。

最終的に、Aさんは、「結果が変わらないなら費用がかからない方がいい。だったら保険会社に全部やってもらいましょう」と、事前認定での申請を選択しました。

適正な等級の獲得

私は、一括社に後遺障害診断書を送付し、およそ1か月後には、一括社経由で事前認定による等級認定の結果が通知されました。

Aさんの内臓疾患については、9級11号（胸腹部臓器機能に障害を残し、服することができる労務が相当程度に制限されるもの）が、骨折については、12級５号（鎖骨、胸骨、ろく骨、けんこう骨又は骨盤骨に著しい変形を残すもの）が認定され、併合等級８級が認められました。

大切なのは手続より中身

本件で、このような満足のいく等級が獲得できたのは、やはり、適切な記載がされた後遺障害診断書を取得できたことに尽きると思います。

事前認定か被害者請求かという選択は、単なる手続の違いにすぎません。ですから、各手続のメリットとデメリットを事案に応じて使い分ければよいというだけで、認定の内容に大きく影響を及ぼすとまではいえないでしょう。

大切なのは手続より中身です。まずは、後遺障害診断書の記載内容を充実させるためにできることを履践しましょう。仮に、不十分な内容の診断書しか取得できなかった場合でも、医療照会を行うなどして診断書を補充することは可能です。必要な資料を収集する努力を惜しまないことが適正な等級獲得に結び付くのだと思います。

ワンポイントアドバイス

弁護士意見書の活用法

体験談２でも出てきたように、事前認定は、後遺障害等級認定申請にかかる全ての手続を一括社が行うことから、被害者に有利な資料が提出されず、不利な資料が提出される可能性があることがデメリットとして考えられるところですが、実は、少しの工夫でそのデメリットを解消する方法があります。

まずは、弁護士意見書を作成します。意見書には、「後遺障害診断書によると◯◯◯であり、医療照会書の回答によれば◯◯◯である。したがって症状固定後も◯◯◯という後遺障害が残るといえることから、本件は、等級◯級◯号に該当すると思料する」というように獲得を目指す等級の該当根拠を簡潔に示します。次に、意見書に添付資料目録を記載し、後遺障害診断書をはじめ、医療照会書やその他被害者に有利な資料を全て綴じ込んでしまうのです。

一括社に、この意見書の一部としての後遺障害診断書を送付すれば、自賠責保険会社には意見書全体が送付されることになります。

依頼者が事前認定手続に対する不安を抱いている場合や、後遺障害診断書の記載が不十分で、その他の資料を補充する必要がある場合などには、こういった方法をとることも１つの有効な手段だと思います。

Method
04 証拠収集

▶ 足で集めろ、動かぬ証拠

――交通事故の損害賠償請求には証拠が必要である。損害の立証だけでなく、依頼者の主張する事故態様を立証するため、定型的な証拠は漏らさず、ときには足と頭を使って、入手困難な証拠もかき集めよう。

まずは、典型的な証拠とその入手方法を理解しよう！

交通事故事件も他の事件と同様、定型的な証拠、入手が容易な証拠もあれば、当事者が積極的に保全・収集しなければならない証拠もあります。そこで、最初に、交通事故案件でよく使用されている証拠を分類したうえ、その取得方法を述べていきます。

（1）交通事故が生じたことより作成される証拠

交通事故証明書は、自動車安全運転センターが発行する、交通事故が発生したことを証する書面で、交通事故の発生を警察に届け出ることによって作成されます。交通事故証明書には発生日、発生場所だけでなく、事故当事者の氏名・住所・電話番号や車両番号・加入している自賠責保険等も記載されます。

また、交通事故の発生を届け出ると、人身事故の場合は実況見分調書が、物損事故の場合は物件事故報告書が警察により作成されます。これらについては、弁護士会照会や文書送付嘱託などにより、比較的容易に入手することができます。これに対して、目撃者の調書やその氏名・連絡先については、検察庁は、一定の事由がなければ、これを開示しないという運用を行っています。刑事記録の取寄せ方については、『赤い本』の末尾などに詳細な解説がありますので、そちらを是非ご参照ください。

（2）治療等に関する証拠

治療に関する証拠の中には、診断書、診療報酬明細書、施術証明書・施術費明細書、後遺障害診断書といった自賠責保険の定型的な書式が存するものから（自賠責保険の定型的な書式しか存在しないという意味ではありません）、カルテ、看護記録、レントゲン、MRI等の検査結果といったものまで存在します。

これらのうち、加害者側の保険会社が保有しているもの（特に自賠責保険の定型的な書式によるもの）については、当該保険会社に依頼すれば、その写し（場合によっては原本）の提供を受けることができます。

また、後遺症の内容・程度、症状固定の時期（治療期間の相当性）といった医学的な争点が生じた場合には、病院からカルテ、看護記録、レントゲン、MRI等の検査結果を取り寄せることとなります。ただ、カルテ等を取り寄せる場合、ほとんどの場合に病院から謄写費用を請求されます。入通院が長期にわたる場合、必然的にカルテ等の謄写費用も増えますので、あらかじめ相談者の了解を得ておく必要があります。

（3）被害者（相談者）による保管が必要な証拠

当たり前のことですが、被害者が治療費、通院交通費、雑費、付添費、装具代を支払った場合、請求書（明細書）、レシート、領収証等を保管しておく必要があります。ただ、これらについては、被害者（相談者）は紛失しがちで、なかには支払ったこと自体を失念してしまう場合もあります。早い段階から代理人に就任する場合には、定期的にレシート・領収証等を弁護士宛に送付するよう助言することも有用です（Method 2参照）。

また、近時、ドライブレコーダーを設置している車両も増えてきました。機種や性能にもよりますが、ドライブレコーダーの中には撮影した映像を一定期間しか保存しない（または上書きしてしまう）ものもみられます。そのような場合、ドライブレコーダーの映像を早期に確実に保存しておく必要があります。

（4）物損に関する証拠

物損に関する証拠として、事故車両の修理に関する見積書・請求書（修理の内容及び部品代・工賃の内訳が記載されたもの）が重要であることは言うまでもありません。

これに加えて、車両の損傷状態を撮影した写真も極めて重要な証拠となります。この写真は、単に損傷部位を明らかにするだけでなく事故態様や衝突の際に被害者が受けた衝撃の大きさを判断するうえでも重要となります。写真については、依頼者側・加害者側双方の任意保険会社のアジャスター（Method 15参照）や修理工場等が撮影しているのが通常ですので、これらの者から写真を取り付けることができますが、場合によっては代理人自らが撮影した方がよい場合もあります。

自ら証拠を確保しに動こう！

交通事故案件も他の事件と同様、自分の足で証拠を収集すること、事案によっては、能動的に証拠を作成することが必要になります。

例えば、主治医と面談して治療の内容、後遺障害の内容・程度、将来の見通し、相当な治療期間について、教示を受けるだけでなく、ときには意見書の作成をお願いすることも必要になってきます。

また、過失相殺が問題となる事案では、実際に事故現場に足を運ぶことも重要です。信号待ちの際に後方から追突されたというような、単純な事故態様の場合にまで足を運ぶ必要は必ずしもありませんが、そうではない場合には、現場を見に行くことで、より説得力のある主張ができるようになります。現場に足を運ぶ際は、カメラやメジャーを持っていけば、より効果的な証拠を確保できることもあるでしょう。
以下、自分の足で証拠を収集した、2つの体験談をみてみましょう。

体験談1

カルテ・信号サイクル表の収集

弁護士6年目　男性

事故態様について争いがある場合、これに関する証拠を固める必要がありますが、その方法は事案によってまさに千差万別。時には自分で証拠を集めてくることも必要です。そこで、ここでは2つの経験をご紹介します。

診療記録を取り寄せてみる

まずは成功談から。事案は、青信号の横断歩道を渡ろうとした依頼者の左「腕」に、赤信号を無視して横断歩道に進入してきた車両が衝突したというものです。依頼者は、「腕」に衝突された衝撃で左肩関節を痛めてしまい、その後、6か月もの通院を余儀なくされたということでした。
この事案の争点は、車両が依頼者の体のどの部位に衝突したのかという点でした。医師が記載した診断書には「左手甲打撲症、加療1週間」としか記載されていませんでした。そうすると、この診断書の記載では、衝突部位は、「腕」ではなく「手の甲」ということになります。そのため、相手方は、「衝突部位は手の甲であって、肩関節を痛めるような事故ではない。よって肩関節の症状は本件事故とは無関係である」として、本件事故と左肩関節の傷害の因果関係を否定する主張をしてきました。

そこで私は、当該医療機関に対して、診療記録の開示請求をしました。診断書には医師が行った診断名のみが端的に記載されることが通例ですが、診療記録には、診察時の様子などがある程度詳細に記載されていることが多く、衝突部位について、何らかの手がかりになる記載があるかもしれないと考えたためです。

開示請求から2週間ほどして診療記録が送られてきました。早速、診療記録を読んでいくと、事故当日のカルテに「左腕に乗用車が衝突」との記載がありました。かかる記載から、私は、やはり衝突部位は「腕」であり、本件事故は肩関節を痛めてもおかしくない事故だったのだと考えました。

私はこのカルテを証拠として相手方に送ったうえで、再度交渉を始めました。すると、相手方は態度を軟化させ、最終的には左肩に関する通院慰謝料なども全額支払ってもらう内容の和解をすることができました。

このように、交通事故の場合には、事故当日のカルテなどに、事故態様や負傷部位に関する患者の当初の愁訴が記載されていることがあります。なかには、診断書の記載よりも詳細に、打撲の部位などが記載されていることもあります。衝突部位、ひいては事故態様の立証に有用な場合がありますので、参考になさってください。

一般的に、加害者側保険会社は、カルテを取り寄せて確認していることはありませんので、診断書に記載のない事項でカルテにのみ記載されている事項があれば、加害者側保険会社を説得できる材料となり得ます。

現場で信号サイクルを確認したら……

次は失敗談です。事案は、見通しの悪い交差点における自転車と自動車の衝突事故でした。依頼者は自転車に乗っていたのですが、事故現場である交差点に差し掛かった時、相手側の信号が黄色から赤に変わったことを確認したうえで、自分の進行方向の信号が赤から青に変わる前に

（つまり、赤のままで）交差点を渡り始め、走行してきた相手方車両と衝突したと主張しました。つまり、依頼者の主張では、信号は「依頼者側：赤・相手側：赤」ということになります。

早速、相手方代理人と交渉を始めたのですが、相手方は、「自分の信号は青だった」と主張していました。つまり、相手方の主張は「依頼者側：赤、相手側：青」でした。念のため、私は、相手方は法定速度を守って走行していたのか尋ねました。事実関係を確定させていくためです。すると、相手方代理人は、「もちろんです」と答えました。

この件は、物損事故扱いでしたので、実況見分調書はありませんでしたし、物件事故報告書には、相手方の主張を前提にした記載がされていました。旗色は相当悪いように思われたのですが、私は、何かの手がかりがつかめればと思い、実際に、事故当時の相手方と同じ条件で事故現場を車で走行してみることにしました。

私は、本件事故が起きた時刻と同時刻に事故現場に行き、タクシーに乗り、運転手さんに協力をしてもらって、実際に、本件事故現場である交差点の１つ前の交差点（地点１）付近から、本件事故現場である交差点（地点２）まで法定速度で走行するという再現実験を行いました。

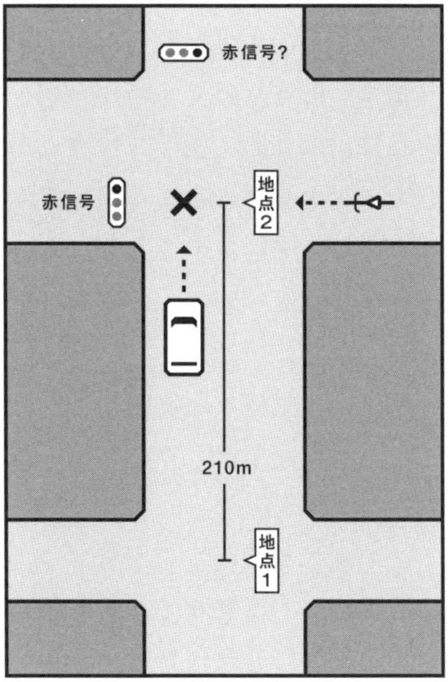

すると、地点１の信号が「青」の場合であっても「赤」の場合であっても、地点２の信号は「赤」になりました。つまり、相手方の「青だった」という主張とは整合しません。決定的な証拠をつかんだと思った私は、急いでタクシーを降り、道路の長さをメジャーで測り、信号のサイクルをストップウォッチで測りました。

計測の結果、地点１から地点２までの距離は約210mでした。次に、地点１と地点２の信号は完全に同じサイクルで切り替わっていて、青である時間は約20秒間、黄色である時間は約５秒間でした。そして、道路の法定速度は時速30km（秒速8.333……m）でした。以上を総合すれば、単純に計算しても、相手方は、法定速度で走行している限りは、25秒の間に約208mしか進むことができないはずであり、地点２の信号は「赤」になっているはずだったのです。このタクシーでの再現実験により依頼者の主張が、客観的に裏付けられました。相手方からすると、本件事故現場である交差点は、法定速度で走行している限りは「赤」になる交差点だったのです。

ここまでの証拠をつかんで、私は意気揚々、相手方代理人と再度面談し、再現実験の結果や、現場での計測結果を「どうだ」といわんばかりに話しました。相手方代理人は冷静に「持ち帰って検討する」と回答しました。この時、私は、この交渉はこちらが勝ったものと確信していました。

しかし、後日、相手方代理人から驚くべき電話がきました。「本件事故当時の信号サイクルを警察署から取り寄せました。それによると、本件事故当時、信号が青である時間は25秒で、黄色である時間は５秒でした。つまり、先生が行った再現実験は、本件事故当時と前提状況が異なります」と言うのです。

私は、はじめ、相手方代理人が何を言っているのか理解できませんでした。しかし、よくよく聞いてみると意味がわかってきました。信号サイクルは、交通量の変動等によって随時変更されるものだったのです。本件事故は２年前のものであったため、その間に、信号サイクルが「青20秒」から、「青25秒」に変更されていたのです。

私は、意気揚々と実験結果を相手方代理人に話していた自分を思い出し、本当に恥ずかしくなりました。穴があれば入りたいとは、まさにこのことです。

この話の教訓は、信号サイクルが争点になる事案では、必ず、「当該事故当時の」信号サイクルを取り寄せて確認するべきだ、ということです。現場に行って信号サイクルを自分で計測することは、有用ではあるかもしれませんが、それだけではいけません。信号サイクルは、変更されている可能性があるからです。

なお、この件の救いは、その後の交渉で、相手方代理人も譲ってくださり、何とか「依頼者側：赤、相手側：黄」という前提で話がまとまったことです。ただし、私にとっては本当に「赤」面ものの失敗でした。

体験談 2

事故態様の動画がほしい！！

弁護士10年目　男性

交通事故案件を扱う場合、避けて通れないのが事故態様に関する争いです。事故態様により被害者と加害者の過失割合が判断され、場合によっては賠償額自体に大きな差が生じることもあります。そのため、依頼者の主張する事故態様を裏付ける証拠を確保することが不可欠な作業といえます。

捜査機関が作成した実況見分調書・物件事故報告書、目撃者の証言は重要な証拠ですが、前者は、必ずしも依頼者の主張する内容がきちんと記載されるわけではなく、とりわけ依頼者が不在の中で作成された場合（例えば、事故により依頼者が救急車で病院に搬送され、実況見分調書作成に立ち会えない場合）には、記載内容が相手方に有利なものになっているケースも多々あります。また、後者は、目撃者が出現するケースは少なく、重大事故でない限り、警察も目撃者の供述まで証拠化していないように思えます（目撃者も関わり合いになりたくないなどの理由で立ち去ってしまいがちです）。

また、依頼者の車両にドライブレコーダーが設置されていた場合には、これにより撮影された映像が有力な証拠となります。ドライブレコーダーは、一般車両にもかなり普及してきたとはいえますが、タクシー、バス等の事業用車両と比較しますと、設置されている割合はまだまだ低いといえます。

映像という点では、近時は街の中に多くの防犯カメラが設置されています。そこで、事故現場付近に設置された防犯カメラに、事故態様が映っていたエピソードをお話ししたいと思います。

街中は防犯カメラで溢れている……

今から5年以上前の話になるのですが、Aさんが、数日前に発生した、十字型交差点内の自動車同士の衝突事故（物損事故）に関して相談に来られました。Aさんは、自分の側の信号が青信号で、相手方車両の側が赤信号であったという認識でいました。しかし、相手方は、相手方車両の側の信号は青信号で、Aさんの車両の側が赤信号であったと、Aさんの認識と正反対の主張をしていました。

Aさんの話によると、物件事故報告書にはAさんの認識がきちんと記載されていないかもしれない、とのことでした。Aさん車両にも相手方車両にもドライブレコーダーは設置されていませんでしたし、夜間の事故であったため、目撃者も確保されていない状況でした。

私は、Aさんの主張に沿う、何か決定的な証拠になるものがないか考えたところ、以前担当した刑事事件のことを思い出しました。1つは、繁華街で起きた強盗事件であり、検察官は犯行現場付近のオフィスビル、金融機関、コンビニエンスストア等が出入り口付近に設置している防犯カメラの映像を確認して、被疑者が映り込んでいる映像を収集し、被疑者がどのような経路で犯行現場に行ったか、詳細な立証をした事案でした。また、別の事件では、小学校の敷地内に設置されていた防犯カメラに映っていた犯人と被疑者の同一性を争った事案でした。

そこで、私は、交通事故現場に足を運んで、事故現場を映している防犯カメラがないかを確認しました。すると、交差点のすぐ横にガラス張りのお店がありました。店内の様子をみると、出入口やレジ付近を撮影している防犯カメラが設置されていました。私はその防犯カメラが設置された方向から、本件事故現場の様子も映っている可能性があると考え、お店に事情を説明してお願いしたところ、防犯カメラの映像をみせていただくことができました。ただ、店主の方は、映像をデータに落とすための操作の仕方がわからないとのことでしたので、お店で再生された画像を私のビデオカメラで撮影しました。

防犯カメラの映像から推測すると……

みせていただいた映像には、画面の左上部にＡさんの車両が衝突した時の状況が映っていました。もっとも、交差点内の信号の色までは映ってはいませんでした。交差点の状況を撮影するためのカメラではないので、当たり前といえば当たり前なのですが……。

しかし、映像をよくみたところ、Ａさん車両が衝突してから数秒後に、後続車両数台が交差点内を通過し、その後、赤信号で停止したと思われる車両が映っていました。そして、さらにその後、相手方車両が走行していた道路から交差点内に進入した車両や、赤信号で停止したと思われる車両も映っていました。そこで、私は、信号のサイクルを確認したうえ（現場でも時間を計ってみました）、これらの車両が本件交差点内を走行・停止した時間から逆算したところ、Ａさんの車両側の信号が青信号であった可能性が極めて高いことがわかりました。

私は、これらの点を相手方に説明し、最終的にはＡさんに有利な内容で和解することができました。

防犯カメラ映像の保存期間が過ぎていたことも……

Ａさんの事件で味を占めた私は、ほぼ同時期に受任した別の交通事故（事故発生から１年後に受任した案件です）でも、現場付近のコンビニエンスストアの防犯カメラの映像を入手しようと考えました。私は、弁護士会照会を利用してコンビニエンスストアの本部から回答を得よう、照会の前に本部の担当者に事前に話を通しておこうと考え、担当者に連絡を入れました。しかし、担当者からは、事故発生から1年以上を経過しており、映像自体が保存期間を過ぎているとの回答を受けてしまいました。

考えてみれば、Aさんの案件は事故発生後すぐに受任し、速やかに事故現場に足を運ぶことができたことから、映像も残っていた（消去または上書きされなかった）のでしょう。防犯カメラの技術は日々進化し、Aさんの事件を扱った時よりも映像の保存期間も長くなっていると思いますが、交通事故においても、早い時期に弁護士が受任する意味は大きいと考えた案件でした。

こんなやり方が……

会派の懇親会に出席した際、私は先輩弁護士に、上記コンビニエンスストアの防犯カメラの話をしたところ、先輩弁護士は、弁護士会照会を利用してコンビニエンスストアの防犯カメラの映像を入手した経験があるとのことでした。先輩弁護士のケースでは、映像の保存期間ギリギリで弁護士会照会が間に合わないおそれがあったため、事前にコンビニエンスストアの担当者に連絡して映像を保存しておくようお願いをしたうえ、弁護士会照会を行ったとのことでした。交通事故案件に限らず、他の多くの事案でも活用できるやり方だなあと、非常に勉強になりました。

なお、防犯カメラ映像は、他の通行人等も映っていることや交通事故の民事の争いのために第三者に提供することを当然に予定しているものではないこと等を理由に、弁護士会照会を行っても、開示を得られないこともあります。そのような事態防止のためにも、あらかじめ照会先に開示の可否を打診しておくことは有益でしょう。

ワンポイントアドバイス

結局は、交通事故案件も同じ

これまで述べてきたように、交通事故案件においては、定型的な証拠から、自らの足で収集すべき証拠、なかには収集が困難な証拠まで、さまざまなものがあります。もっとも、このことは交通事故案件に限らず、どのような案件でも共通することであると思います。

読者の皆様においては、他の案件と同様、交通事故案件においても、証拠の収集、保全に気を配りながら、対応いただければと思います。

Method

05 訴訟提起のメルクマール

▸「赤本基準」は甘くない

――損害額は、訴訟を提起すれば高くなる……。それほど単純なものでもないようである。

三種の基準

交通事故による人身損害に関する示談交渉の場面において、「自賠基準」・「任意基準」・「赤本基準」（「裁判基準」や「弁護士基準」ということもあります）といった言葉を耳にすることがあります。

「自賠基準」とは、自賠責保険における損害額の算定基準であり、その具体的内容は、自賠法及び同施行令に基づいて金融庁及び国土交通省が告示した「自動車損害賠償責任保険の保険金等及び自動車損害賠償責任共済の共済金等の支払基準」に定められています。

「任意基準」とは、任意保険会社が各社内で独自に定める損害額の算定基準です。公表されているものではありませんが、主に慰謝料額について、各保険会社が、それぞれに適正であると考える基準を策定しているようです。

「赤本基準」の『赤本』とは、いわゆる『赤い本』（民事交通事故訴訟損害賠償額算定基準）のことです。

『赤い本』に損害額の算定基準が明確に定められているわけではあり

ませんが、『赤い本』の記載に基づいた損害額の算定は、「赤本基準」による算定と呼ばれることがあります。裁判所においても『赤い本』に基づいて損害額が算定されていることから「裁判基準」と呼ばれることもありますし、弁護士が「『赤い本』のとおりに認定してもらえないならば訴訟を提起します」と言ったりするので「弁護士基準」と呼ばれることもあります。

同じ被害者の損害額も、異なる基準で算定すれば、当然、異なった金額になります。一般には、「自賠基準」による算定が最も低額であり、「赤本基準」による算定が最も高額であるように思われているようです。そうであれば、人身損害に関する損害賠償請求の委任を受けた弁護士は、常に訴訟を提起すべきであるということになりそうですが、実際には、弁護士が介入している場合であっても、多くの事件が訴訟外で解決されています。

それは一体なぜでしょうか。

赤本基準と任意基準

訴訟の場においては、通常、赤本基準によって損害額が算定されますので、任意基準が登場するのは示談交渉の場面がほとんどです（調停やADRにおいても、多くの場合には赤本基準が用いられますが、保険会社が提示した任意基準を積極的には修正しようとしない調停委員やあっ旋委員もみかけます）。

被害者の損害額が自賠責保険の上限（傷害部分につき120万円）を超えた場合や被害者が自賠基準によって算定された慰謝料額に納得しない場合に、加害者側の保険会社から被害者に対し、任意基準によって算定された慰謝料額が提示されることがあります。加害者や加害者側保険会社が被害者の治療が終了するまで誠意をもって対応し、その結果、訴訟外において円満示談に至った事案と、訴訟が提起されて判決に至るほどに賠償交渉が紛糾した事案とでは、慰謝料額も異なってしかるべきだという考え方もあり、任意基準によって算定される慰謝料額は、赤本基準による慰謝料額を下回ることが一般的です。

被害者側の弁護士としては、任意基準で提示された慰謝料額を赤本基準による慰謝料額に近づけるべく示談交渉を行うことになりますが、満足のいく金額が提示されなければ、訴訟・調停・ADR等の手続への移行を検討する必要が生じます。

任意基準と自賠基準

自賠基準による傷害慰謝料は、日額4,300円（2020年３月31日までに発生した事故については4,200円）、対象日数は実治療日数の２倍と総治療期間のいずれか短い方とされています。例えば、実治療日数10日、総治療期間30日の被害者に対する慰謝料額は10日×２＜30日なので4,300円×20日で８万6,000円になります。

また、後遺障害慰謝料の額も、後遺障害等級ごとに定められていますが赤本基準よりも相当低い金額になっています。

任意基準による慰謝料額は公表されていませんが、いわゆる一括対応を行う任意保険会社は、自賠法施行令に定める保険金額の範囲内においては、自賠基準によって算定される損害額を下回る賠償額を提示することができませんので、通常は、任意基準による慰謝料額が自賠基準による慰謝料額を下回ることはないということになります。

赤本基準と自賠基準

このようにみていくと、やはり、「赤本基準＞任意基準＞自賠基準」という法則が成り立ちそうです。

ところが、自賠基準には、慰謝料額の計算方法だけでなく、休業損害の認定や過失相殺の方法に関する独特な基準が設けられています。そのため、損害額全体に過失相殺を行って得られる現実の損害賠償額について比較をした場合、自賠基準による算定額が赤本基準による算定額を上回るケースが出てくることがあります（なお、以下における自賠基準によって算定された損害額は、自賠責保険に対する被害者請求をした場合に支給される自賠責保険金額を想定しています）。

例えば、自営業者の休業損害の日額は、裁判実務の一般としては、確定申告書に基づき、所得と固定経費等の合計額から算定されます。すなわち、確定申告書に記載された所得と固定経費等の合計額を365日で割って得られた金額が3,500円であれば、休業損害額は3,500円×休業日数となるわけです。

ところが、自賠責保険においては、「休業による減収があった」という事実さえ認められれば、その金額にかかわらず、原則として、休業損害の日額を6,100円（2020年３月31日までに発生した事故については5,700円）と認定することになっています。そのため、自賠基準によると、現実の減収額を超える休業損害額が認定されることがあります（実収入の日額が6,100円を上回ることが証明された場合は、実収入の日額に基づいて認定されます）。

また、自賠基準においては、被害者の過失割合に比例した損害賠償額の減額はなされません。下表のとおり、被害者に７割以上10割未満の過失（10割の場合は、そもそも保険金は支払われません）が認められる場合についてのみ、２～５割の減額が適用されることになっています（ただし、20万円未満に減額されることはありません）。

被害者の過失による自賠責保険金の減額割合

減額適用上の被害者の過失割合	減額割合	
	後遺障害または死亡に係るもの	傷害に係るもの
７割未満	減額なし	減額なし
７割以上８割未満	２割減額	２割減額
８割以上９割未満	３割減額	
９割以上10割未満	５割減額	

したがって、被害者に過失が認められる場合には、自賠基準により算定された自賠責保険金額が、赤本基準による損害額を上回ることもあるのです。

体験談１

慰謝料額が低い……

弁護士５年目　男性

提示された慰謝料額が低い……

交通事故で重傷を負い、事故後も５年以上にわたって症状固定せずに通院している方から相談を受けた例をご紹介します。

依頼者は、「通院があまりに長期に及んでいるので、そろそろ治療費の支払いを終了したい」と保険会社に言われ、最初は本人が保険会社と直接交渉をしていたものの、途中から自分では対応しきれなくなって相談にいらっしゃいました。

この事案では、治療終了（症状固定）の時期については、主治医とも相談した結果、そろそろ固定と言われてもおかしくない時期にきているという判断になりましたが、これだけ長期にわたる通院の慰謝料額をどのように算定すべきかが問題になりました。

直近１年ほどは、通院が不規則で、平均すると月に２～４回程度の頻度になっていましたが、依頼者は、太い注射を打つことによる激痛を伴う治療を受けていたことから、私は、通院回数だけでは量れない苦痛も、できる限り慰謝できるような金額を獲得したいと考えました。

受任後の対応

『赤い本』や『青本』で通院慰謝料をみるときの「通院」とは、どれくらいの頻度の通院を想定しているのだろうと思って調べると、『青本』に、「1週間に少なくとも2日程度」という記述がありました。

今回のケースではそのような頻度に達していないことは否定しようがなく、保険会社からもこの点を指摘されて、諸々の事情を考慮して120万円程度という慰謝料額の提示がなされました。

今振り返れば、事故から症状固定までの間の休業期間も長くなっており、すでに支払われた休業補償の額が高額化していたことも、相手方が態度を硬化させた要因だったのだろうと思います。しかし、当時の私は、休業補償との関係までは思い至らず、被害者には事故による負傷の影響が現実に残っており、そのために病院通いを余儀なくされ、苦痛に耐えながら治療を続けてきたことを考えると、通院回数が少ないというだけで慰謝料額が低廉になることは不当であると感じていました。

当時の『赤い本』では、傷害慰謝料の項目に「通院が長期にわたり、かつ不規則である場合」には、実日数の3.5倍程度を通院日数として慰謝料算定の基礎とする考え方が紹介されていました（なお、2016年版以降の『赤い本』では、この部分が「通院が長期にわたる場合は、症状、治療内容、通院頻度をふまえ実通院日数の3.5倍程度を……」という表現に変わっていますのでご注意ください）。この考え方によれば、5年間での実通院日数は約200日だったので、23か月の通院という扱いになり、『赤い本』の表を単純適用すると、慰謝料額は180万円程度ということになりそうでした。

このことから、私は、訴訟に持ち込めば、現在の提示額より有利な金額を得られる見込みは少なくないと考えました。

ちなみに、自賠責保険の場合は、治療期間と実通院日数×2の少ない方に、日額4,200円の慰謝料が支払われるものとされていましたので（※本件は、2020年3月31日以前の事故です）、今回の場合にあてはめると、実通院日数200日の2倍に4,200円を掛けた慰謝料額は168万円ということになりますが、治療費だけで自賠責保険の傷害部分の上限（120万円）に達していたので、自賠責保険からは慰謝料の支払いは受けられない状況でした。

訴訟での攻防

ところが、訴訟では、症状固定の時期（本当はもっと早かったのではないかということ）が争われ、相手方は、依頼者の通院期間のうち、本件事故と因果関係が認められる範囲は長くとも２年間であり、その期間の実通院日数は100日程度であるので、慰謝料額は80万円程度であるなどの主張をしてきました。

また、訴訟外では特に争いのなかった休業損害についても、こちらが主張した休業期間に対し、その全期間については事故との因果関係は認められないと主張されました。

私としては、本件の依頼者は、経過観察的な通院とは違い、現に事故に起因する苦痛があって、それを改善する必要性に基づいて通院をしていたこと、治療自体も苦痛が伴うものであったこと等は、慰謝料の算定において十分に考慮されるべきであるといった主張をしましたが、裁判所は、単純に５年（60か月）を通院期間として慰謝料額を算定することは妥当ではないと考えているようでした。

最終的に、裁判所から和解案が示されました。慰謝料額については、『赤い本』の「通院が長期にわたり、かつ不規則である場合」の計算式に従った金額が提示され、相手方もこれを受諾してくれましたが、休業損害額については、訴訟前に考えていた金額から少し減額されてしまいました。

結局、本件については、総額では、訴訟提起前の提示額を上回る金額を受領することができましたが、一歩間違えれば、訴訟前の提示額を下回る和解案が示される可能性もあったように思います。

一般に、赤本基準による損害額は任意基準による損害額を上回るといわれていますが、慰謝料額のみをみることなく、休業損害額や過失割合など、事例ごとの個別の事情や立証の難易も考慮し、それを依頼者に丁寧に説明しながら事件処理を進めていかなければならないと思いました。

体験談 2

固定観念にとらわれて……

弁護士 6 年目　男性

「赤本基準＞任意基準＞自賠基準」という前提

弁護士 2 年目、ある日の法律相談でのことです。事案は、依頼者が路肩に停車中、後方から走行してきた加害車両に追突されたという事案です。事故の衝撃によって、依頼者は首を後方に大きくのけぞらせ、その結果、頸椎を捻挫し、4 か月の通院（実通院日数40日）を余儀なくされました。また依頼者は自宅でネット通販業を営んでいる自営業者であり、通院をした日は休業せざるを得なかったということでした。

依頼者は、事故後、自ら相手方保険会社と示談交渉を行ってきました。そうしたところ、相手方保険会社から、「慰謝料額34万4,000円、休業損害24万4,000円」という賠償額を提示されました。ただ、依頼者は、その提示額が適正なものであるのか判断がつかないということで、私のもとに相談にいらしたわけです。

私は、依頼者から「相手方保険会社の提示額は、一体どういう基準で、どういう計算をしているのか」と質問されました。そこで、私は、まず、相手方保険会社の提示額が自賠基準によって算定されていることを確認したうえで、以下のように説明しました。

つまり、自賠基準の傷害慰謝料は、日額を4,300円（注：2020年 3 月

31日までに発生した事故については4,200円)、対象日数を「実通院日数の２倍」か「総治療期間」のいずれか短い方で算定しますので、本件では、実通院日数40日×２倍＝80日＜４か月となるため、対象日数としては、「実通院日数の２倍」にあたる80日が採用されます。その結果、慰謝料が日額4,200円×80日＝34万4,000円となっているわけです。

次に、自賠基準の休業損害は、原則として、日額を6,100円（注：2020年３月31日までに発生した事故については5,700円）として算定します。そのため、休業損害は日額6,100円×40日＝24万4,000円となっているわけです。

私は、この時、一般的に「赤本基準＞任意基準＞自賠基準」という法則があるものと理解していました。そのため、依頼者に対し、上記の計算式を説明したうえで、相手方保険会社の提示額は自賠基準によって算定されていること、交渉やその後の訴訟次第で、より高額な賠償（任意基準や赤本基準に沿った賠償）を得ることができる可能性が高いことを説明しました。

そうしたところ、依頼者は、「事故のせいで通院をすることになり、通院をした日は仕事ができませんでした。そのため、金銭的にもとても困っています。できるだけ高い賠償を得たいです」とおっしゃいました。そのため、私は、賠償額をできるだけ赤本基準に近づけるべく、本件を受任することにしました。

交渉開始！

私は、受任後、さっそく相手方保険会社と交渉を始めました。

すると、相手方保険会社は、すぐに慰謝料額を45万円に増額しました。相手方保険会社の担当者によれば、任意基準による算定であるとのことでした。

しかし、赤本基準によれば、いわゆる傷害慰謝料額算定表の「別表Ⅱ」により、慰謝料額は67万円（通院４か月）になるはずです。私は、相手方保険会社に対し、「訴訟提起をすれば、赤本基準で67万円になるのですから、交渉段階でもそれを認めてくれませんか」と申し入れましたが、相手方保険会社は、「示談交渉段階ではこれが限界です」と回答するのみで、交渉は膠着状態になりました。

私が、以上の交渉経過を依頼者に説明したところ、依頼者は「それでしたら、訴訟提起をして赤本基準で賠償金を支払ってもらってください」とおっしゃいましたので、私は、訴状の作成に取りかかりました。

訴状を作成し始めて気づいた「３つの壁」

訴状の作成に取りかかった私は、損害の計算のため、依頼者に休業損害の資料として確定申告書の写しを郵送してもらいました。ほどなくして確定申告書が事務所に届いたのですが、それを確認すると、実際の休業損害は、日額2,000円程度になってしまうことがわかりました。これは自賠基準の日額6,100円を下回っています。依頼者は、「本当は、もっと高額の収入があったのです」と言いますが、それを証明する証拠はありませんでした。これが１つ目の壁です。

また、訴訟において休業損害が認められるためには、「休業の必要性」があることが必要です。そこで、私は、依頼者から、あらためて、お仕事の内容（１日のスケジュール）を伺いました。すると、依頼者は、基本的には、午前９時から正午までの間と、午後６時から午後９時までの間、自宅のノートパソコンで仕事をしているということでした。しかし、このスケジュールですと、正午から午後６時までの間に通院を済ませてしまえば、仕事は滞りなくできることになります。私がその点を尋ねると、依頼者の言い分は、「事故によって首が痛くなり、通院で外出をすると痛みが増すので、通院をした日は、１日仕事ができませんでした」ということでした。私は、仮にその話が真実であるとしても、それをもって「休業の必要性」があるとまでいえるのか、とても不安になってきました。少なくとも、訴訟になれば、この点が争点になるであろうことは目に見えています。これが２つ目の壁です。
さらに、事故態様についても詳細に聞き取ったところ、事故当日は、バケツをひっくり返したような大雨で、視界がとても悪かったということがわかりました。これは何だか加害者側にも酌むべき事情がありそうです。私は慌てて『別冊判タ』を開き、過失割合の修正要素を確認しました。すると、追突事故の過失割合は、基本的には「被追突者０：追突者100」ですが、降雨などによって「視認不良」の場合には、過失割合が修正されて「被追突者10：追突者90」になるおそれがあることがわかりました。つまり、本件では、訴訟になれば、依頼者が10％の過失相殺をされる可能性があるわけです。これが３つ目の壁です。

あらためて計算をしてみると……

私は、これら「３つの壁」を前にして、あらためて、訴訟になった場合の賠償額を、できるだけシビアに計算してみました。まず、慰謝料額は、赤本基準で67万円と仮定しました。しかし、休業損害は2,000円×40日＝８万円か、そもそも「休業した事実」または「休業の必要性」がないとして全く認められない可能性もあります。そして、仮に休業損害が全く認められず、10％の過失相殺をされてしまうと、依頼者の損害は67万円×90％＝60万3,000円になります。また、仮に依頼者にも過失があると判断されれば、加害者側の損害の10％を依頼者が負担することになり、依頼者が最終的に得られる賠償額はさらに減ってしまいます。
対して、交渉段階で相手方保険会社が提示していた慰謝料額は、任意基準で45万円でした。仮に休業損害が24万4,000円のままで認められ、さらに過失相殺も行わないということになれば、依頼者が得られる賠償額は、45万円＋24万4,000円＝69万4,000円になります。結局、本件は、訴訟を提起するよりも、示談でまとめた方が高額の賠償を得られる可能性が高いように思えました。
私は、次の日の朝、急いで相手方保険会社に電話をし、過失相殺について、どのような考えかをあらためて尋ねました。すると、相手方保険会社は、「交渉段階の現時点では、過失相殺を主張するつもりはありません」という回答でした。

私は、依頼者に対し、以上の検討結果を全てお話ししました。そして、訴訟になれば、陳述書の作成や尋問を行うことになる可能性があり、その場合は、時間と手間もかかることもご説明しました。その結果、依頼者は訴訟提起ではなく、示談を希望され、本件は、示談によって終結することとなりました。

反省

本件は、「赤本基準＞任意基準＞自賠基準」という固定観念にとらわれていたばかりに、正確な見通しを誤った事例です。本件では、幸い、訴訟提起前に自ら陥っていた誤りに気づくことができましたが、仮に訴訟を提起してしまっていた場合を考えると冷や汗ものです。

本件の教訓は、専門家であろうとするならば「安直な理解」は厳に慎むようにしなければならない、ということです。そして、このような落とし穴に陥るのは、弁護士１年目の方よりも、ある程度の経験を積んで一定の知識を得た方に多いような気がします。時には時間をつくって弁護士会の研修などを受けるなどして、くれぐれも日々の研鑽は怠らないようにしたいものです。

ワンポイントアドバイス

訴訟提起のメリット・デメリットを慎重に見極めよう

上記のとおり、任意基準が登場するのは主として訴訟外の示談交渉の場面ですが、被害者側に弁護士が付いた場合には、任意基準ではなく、赤本基準で算定した慰謝料額の70〜80%程度の金額が提示されることが多いように思います。

このような場合、被害者側弁護士としては、「赤本基準の100%を出してもらえないのであれば訴訟も辞さない」という姿勢で慰謝料の増額を求めることになるのでしょうが、実際には、訴訟提起に踏み切るまでには、慰謝料額以外の争点（休業損害額や過失割合など）の有無及び立証の難易、訴訟を提起した場合に解決までに要する時間、被害者本人の尋問による負担、弁護士費用、その他諸々の事情を考慮して、訴訟提起をすることに本当にメリットがあるかどうかを判断しなければなりません。

上記の体験談で紹介されているような事情に加え、被害者に後遺症が残存している事案については、自賠責保険が認定した後遺障害等級に応じた労働能力喪失率が、訴訟においても当然の前提とされるものであるかどうかも検討が必要です。後遺障害の種類によっては、裁判所の認定した労働能力喪失率が、自賠責保険の認定した後遺障害等級のそれを下回ることもないとはいえません。

最終的に決断をするのは依頼者ですが、弁護士としては、依頼者が気づきにくいさまざまな事情を考慮して、適切なアドバイスを提供することができるようにしておく必要があります。

Method
06 ADRの利用法

▸ 早い、安い、使いやすい

――ADRを利用することで、訴訟を提起するよりも効率的に紛争を解決できる場合がある。各ADR機関の特徴や手続の流れを正しく理解し、事案の性質に応じた処理方法を選択しよう。

紛セ利用のメリットとデメリット

依頼者から相談を受けた際、事案の性質に応じた適切な手続を選択することは、弁護士に求められる重要なスキルの1つです。相手方の任意保険会社との間で示談交渉が進まない場合の解決手段としては、訴訟提起以外に、民事調停、ADR機関への申立て等があります。ADR機関の中でも交通事故案件での利用率が高い「公益財団法人交通事故紛争処理センター（以下「紛セ」といいます）」は、以下に挙げたメリットとデメリットを十分に理解して活用すれば、無料で簡易、迅速に紛争を解決することができる機関です。

【メリット】

・申立て費用が無料。

・短期間で解決可能（物損は1～2回、人損は3～5回の期日が目安）。

・公平・公正な立場の嘱託弁護士が和解をあっ旋してくれる。

・和解のあっ旋が不調となった場合、審査会の裁定を求めることが可能であり、保険会社は裁定を尊重する義務を負う（申立人は尊重義務なし）。

【デメリット】

・時期によっては混雑のため予約が取りにくい（午前中の方が空いている）。

・全国に11か所しかないので、所在地から離れた弁護士は使いづらい。

・自転車事故及び後遺障害等級認定に関する争いは扱っていない。

・両当事者が主張する事故態様の相違が大きく、過失割合が激しく対立する事件には向かない。

・紛セへの申立ては、消滅時効を中断する効果がない。

紛セ利用までの手順

依頼者の代理人として紛セに申立てを行う前提として、相手方の任意保険会社の担当者との間で、ある程度示談交渉が成熟し、争点が明確になっていることが必要です。利用までの手順は以下のとおりです。

1　相手方保険会社の担当者に対して紛セに申立てを行う旨を通知し、担当者との間で初回期日の日程調整を行う（予約が取れないことがあるので１か月程度先まで複数の候補日を挙げていた方がよい）。

2　申立人の住所地または事故地を管轄する紛セに連絡して申立ての概要を伝え、初回期日を予約して必要書類一式の送付を依頼する（利用申込書及び委任状は所定様式での提出を求められる）。

3　初回期日の７日前までに事前提出資料の正本を紛セに、副本を相手方保険会社の担当者に送付する。

4　予約した期日に出頭する（１回の期日は１時間程度の目安）。

嘱託弁護士による和解のあっ旋

嘱託弁護士は、期日において双方から十分な聞き取りを行ったうえで、口頭または書面により裁判基準に依拠したあっ旋案を提示します。当事者双方が提示されたあっ旋案を受諾すれば、示談書が作成されて手続終了となります。しかし、あっ旋案に拘束力はありませんので、当事者の一方が合意しなければ、あっ旋不調となり、当事者のいずれかの申立てにより審査に移行します（和解あっ旋不調の場合、審査に移行するのが原則的な運用となっています）。なお、事案の性質によってあっ旋や審査会での裁決に馴染まないと判断されたものについては、訴訟移行の判断がなされて紛セでの手続が終了するものもあります。

審査会による裁定

審査会で申立てが受理されると、審査会の期日が決定され、３名以上の審査員で構成される審査会が双方から意見を聴取します。審査会期日は通常２、３回開かれ、期日において審査員から和解案が提示されることもあります。審査終結後、審査会による裁定案が当事者双方に告知され、申立人は、裁定告知日から14日以内に諾否を回答しなければならず、期間を徒過した場合には、不同意とみなされます。申立人が回答期間内に受諾した場合、保険会社には尊重義務が課せられていることから、裁定案を拒否することはできませんので、裁定の内容に基づいた示談書が作成されて手続終了となります。

体験談1

正しい紛セの利用法

弁護士４年目　男性

交差点での衝突事故

夏も終わりが近づき過ごしやすい陽気となってきた頃、自動車同士の衝突事故に遭ったというご夫婦から相談を受けました。ご主人は運送会社の代表取締役、奥様は同社の従業員です。ご主人の運転する車に奥様が同乗して一緒に通勤している途中、信号機の設置された交差点を青信号で直進していたところ、同一道路を対向方向から進入して右折しようとした相手方自動車に衝突されたとのことでした。

ご夫婦ともむち打ち症状に悩まされ、約６か月間の通院をしました。また、ご主人は１か月ほど業務に従事できず、奥様は４か月ほど休業を余儀なくされました。

ご夫婦は相手方の任意保険会社との間で示談交渉を行いましたが、事故態様には争いがなかったものの金額面での折り合いがつかず、私のもとへ相談にいらっしゃいました。

保険会社との任意交渉

示談交渉を受任した私は、さっそく相手方保険会社との間で交渉を行いましたが、事故と奥様の休業との因果関係及び過失割合に関して双方の主張に開きがあったため、なかなか話がまとまりませんでした。

具体的な双方の主張は以下のとおりです。

（当方）　休業を余儀なくされた４か月分の休業損害を賠償してもらいた

い。過失割合は「当方：相手方＝０：100」である（当方に過失はない）。
（相手方）　事故後２か月を超えた期間についての休業は、事故と因果関係がない。過失割合は「当方：相手方＝20：80」である（当方にも前方注視義務違反がある）。

紛セへの申立て

保険会社との示談交渉がまとまらなかったため、まずは訴訟提起を検討しました。もっとも、本件では事故態様に大きな争いはなく、後遺障害もなかったため、より迅速な解決を目指して紛セへの申立てを行う方針としました。訴訟ではなく紛セへの申立てを選択したのは、訴訟と同程度の基準による解決が、訴訟よりも安価で、かつ迅速になされる可能性が見込まれると考えたからです。他方、そのようなADRの特質ゆえに、事故状況について当事者の主張が大きく食い違う場合や、後遺障害の等級を争う場合には向かないという知識はありました。

和解あっ旋による解決

本件では、紛セへの申立て後、３回の期日を経て裁判基準による和解が成立しました。申立てから４か月での解決となりましたので、相談者にとっても過大な負担のない期間で妥当な結論を得ることができたと思います。

交通事故事案の解決には、訴訟や民事調停のみならず、紛セや日弁連交通事故相談センター等のその他ADRの利用などさまざまな方法があります。それぞれのメリット・デメリットを踏まえて適切な方針を選択することが、紛争の早期解決へとつながるのだと考えます。

体験談2

間違った紛セの利用法

弁護士6年目　男性

ある日、事故態様に大きな争いのある事案の相談がありました。交差点での衝突事故だったのですが、相談者は自分側の信号が青だったので交差点に進入したと主張し、相手方も自分側の信号が青だったので交差点に進入したと主張している事案でした。両者が真実を述べているのであれば、信号は「青・青」の状態だったということになります。

この点、交差点では、信号が「赤・赤」、つまり、双方ともに赤になることがあります。信号が切り替わる2～3秒程度の時間です。

しかし、当然ですが、信号が「青・青」になることはありません。それでは交通事故が起きてしまうことは明らかです。

ですので、上記の例では、どちらかの主張が思い違いということになります。しかし、この事案では、双方の主張を裏付ける客観証拠が薄く、どれも決定打に欠けるものだったため、事実認定での激しい争いが予想されました。

さて、この相談の際、相談者から、「できれば裁判はしたくない。インターネットで紛争処理センターが行っている裁判以外の解決手段があることを知った。その手続が利用できるならお願いしたい。」という強い要望を受けました。そのため、私は、相談者のご希望もあり、紛セを利用することにしました。

紛セでの判断

その後、紛セでの審理が始まりましたが、両者とも、自分側の信号が青だったという言い分を譲ることはなく、主張は平行線を辿りました。

そのため、早くも第2回期日において、嘱託弁護士から、合意に達する見込みがないとして、ADRを打ち切る旨の判断が下されました。結局、その時点であらためて訴訟提起をすることになりました。

つまり、紛セへの申立期間などを含め、時間をまるまる無駄にしたということになります。

紛セの特徴

紛セは、あくまでADRであり、数回の期日で手続を終了させることを念頭に置いていますから、時間を要する証人尋問や検証等の手続は行われません。そのため、事故態様など事実関係について激しく争うことが予想される事案では、立証方法に制限があるADRは、そもそも紛争解決の手段として馴染みません。もっとも、事実関係に争いがあったとしても、依頼者の主張を裏付ける客観証拠が十分に揃っているような事案であれば、合意に達する見込みがあるかもしれませんので、「事実関係に争いがある」というだけでADRの利用を控えるべきとまではいえません。結局は、ADRを利用して「合意に対する見込みがどれほどあるのか」という点を申立て段階でしっかりと見極めることが重要になります。

反省

本件では、双方の主張が真っ向から対立しており、かつ、客観証拠も乏しい事案でした。そうであれば、紛セに申し立てたとしても、事実関係の争いについて妥結点を見出すことは困難であり、解決に至らないことはある程度予想できました。

紛セで和解が整わず、結局は訴訟提起せざるを得なくなった本件では、紛セへの申立てと期日の分だけ、いたずらに時間を浪費したということになります。

紛争解決方法には示談交渉、ADR、訴訟などいくつかの類型がありますが、それぞれにメリット・デメリットがあります。本件では、依頼者からADRを利用したい旨の強い要望がありましたが、依頼者に対して本件はADRに馴染まない旨の説明を十分に行ったうえで、初めから訴訟提起を選択すべき事案だったと考えています。

ADRを利用する際には、手持ちの証拠でどこまで立証ができるのか、双方が合意に至る見込みはどれほどあるのか、という点を十分に検討することが必要だと感じました。

ワンポイントアドバイス

その他のADR

◎公益財団法人日弁連交通事故センター

無料法律相談、示談のあっ旋、審査による示談案の提示などを行っています。紛センの主な利用目的が和解あっ旋であるのに対し、交通事故センターは被害者からの法律相談の利用が多いのが特徴です。法律相談所（法律相談のみ行う相談所を含む）は、全国156か所、各都道府県に設置されており（令和５年７月現在）、相談料無料のうえ、高次脳機能障害面接相談の専門窓口が設置されているなど、被害者にとって使い勝手のよい機関として広く利用されています。

◎一般財団法人自賠責保険・共済紛争処理機構

自賠責保険・共済の支払内容に不満がある交通事故の当事者が、過失や相当因果関係の有無、後遺障害等級認定等、争点となる事項につき、紛争処理機構に対して調停を申請する手続です。申請を受けた紛争処理機構は、原則、書面審査により、調停案を作成して当事者双方に通知します。自賠責保険会社や共済には紛争処理機構の調停を遵守する旨の約款等の定めがありますので、調停案は、事実上、保険会社等に対する拘束力を有しています。他方、申請者が調停案に拘束されることはありません。

Method
07 時効

▸ 消滅時効に立ち向かえ

——消滅時効は恐ろしい。援用されたら一発アウトである。でも、交通事故案件では「時効だから」と簡単に諦めるべからず。被害者救済のさまざまな制度や運用を駆使して、被害回復を図る姿勢が道をきりひらく。

時効管理は弁護士の基本

弁護士としてあらゆる法的紛争を取り扱うにあたって、消滅時効にかけてしまうことほど言い訳のきかない初歩的かつ重大なミスはないといってよいでしょう。このことは交通事故による損害賠償請求事案にも当然にあてはまります。

したがって、消滅時効完成前に交通事故事案を受任した弁護士としては、受任中に自らのもとで消滅時効期間が完成し、相手方から援用されるといった事態はなんとしても避けなければなりません。

交通事故による損害賠償請求権、すなわち不法行為による損害賠償請求権は、被害者またはその法定代理人が損害及び加害者を知った時から、人身損害については５年間（民法724条の２）、物件損害については３年間（民法724条１号）行使しなかったとき、時効期間が完成します。また、不法行為の時から20年間損害賠償請求権を行使しないときも時効期間が完成します（民法724条２号）。人身損害と物件損害で時効期間が異なりますので、主たる損害が人身損害で付随的に物件損害も請求するという事案で、うっかり物件損害の請求権を時効にかけるというミスに気をつけましょう。また、自賠責保険の被害者請求については、5年ではなく、3年の経過により時効消滅することにも注意しましょう（自賠法19条）。

そこで、代理人弁護士としては、これら消滅時効期間の完成前に相手方または自賠責保険に対してきちんと請求を行い、若しくは然るべき時効更新の措置をとることが大原則です。

請求内容が定まらないときは？

しかし、交通事故によって傷害を負った被害者の中には、5年以上の長期にわたって治療の継続が必要な方も存在します。治療継続が必要な場合でも、少なくとも後遺症を除く傷害に基づく損害賠償請求権については、交通事故発生時（ただし、加害者が不明の場合はこれを知った時）が消滅時効の起算点とされていて、治療継続という事実それ自体は時効更新事由となりません。後遺症による損害賠償請求権は症状固定の日から進行するとしても、後遺障害が残存するかどうかは事前に確実にわかるとは限りません。

このような事案では、治療継続中であるにもかかわらず請求（訴訟提起）を行うことは現実的ではありませんので、時効更新の措置をとることが考えられます。自賠責保険の被害者請求（自賠法16条）では、「時効更新申請書」（自賠責保険会社が定める定型書式により作成します。自賠責保険会社から定型書式を取り寄せる時間的余裕が必要です）の提出により時効更新が可能ですし、「仮渡金の支払い（自賠法17条）」を受けることも実務上の時効更新として取り扱われています。

また、相手方との間では、交通事故に基づく損害賠償債務の一部についての承認によって、損害賠償請求権全体の時効を更新する効力が認められますので、例えば、それまでに損害として算定可能な部分について賠償交渉を行う中で、相手方から賠償提示を受けるという形で債務の一部承認を得る方法などが考えられます。

時効期間が完成していたら？

さて、被害者本人のもとで時効期間が完成してから相談を受けた場合はどうでしょうか。上記のような時効更新措置は一切とられていないとしたら、損害賠償請求は諦めざるを得ないのでしょうか。

交通事故事案では、被害者救済のためのさまざまな制度や運用が存在します。弁護士としては、そのような制度や運用を理解し、駆使することによって、一人でも多くの交通事故被害者が適切な賠償を受けられるよう尽力すべきでしょう。

以下どちらも、改正民法（平成29年法律第44号令和２年４月１日施行）適用前の、人身損害についての時効期間が３年であるケースですが、２つの体験談をみてみましょう。

体験談１

事故から３年経っていても、諦めない！

弁護士５年目　女性

時効消滅は怖い

交通事故事件に限らず、私が新規の法律相談を受ける時や、すでに受任している事件の処理をするにあたっていつも気を付けるようにしていることの１つに、依頼者の請求権が時効消滅していないかということがあります。もしも、弁護士である自分の事件処理が遅れたことにより依頼者の請求権が時効消滅してしまったらと考えると、想像しただけでも背筋が凍ります。

今回ご紹介するＶさんのエピソードは、幸い私の事件処理が遅れたというケースではないのですが、Ｖさんが初めて私のところに相談にいらっしゃった時点で、すでに加害者に対する請求権の消滅時効期間が経過しており、加害者との交渉に工夫を要したケースです。

加害者から消滅時効を主張された

Ｖさんは、オートバイを運転中に追突されて、下顎打撲・挫創などの傷害を負われた方です。Ｖさんは、事故直後から傷害の治療のために通院し、幸い後遺症もなく傷害は完治しました。加害者が任意保険に加入していなかったため、Ｖさんは、通院していた当時、治療費を全額自分で支払っており、加害者に一切請求をしていませんでした。しかし、最近になって、周囲の人から、「加害者に、治療費や休業損害を請求した方がいいよ」と言われて、それならばと、自分で加害者に連絡をとって、治療費や休業損害等を請求したそうです。

しかし、加害者からは、「Ｖさんにお怪我をさせてしまったことは本当に申し訳なく思っているのですが、私は、経済的にとても苦しい状況で、Ｖさんに賠償金をお支払いするお金がないのです。それに、知り合いに交通事故に詳しい人がいるので、聞いてみたんですが、もう事故から３年以上経っているので、Ｖさんの請求権というのは時効になっていて、存在しないんですよね」と言われたそうです。

このような経緯で、「事故から３年を過ぎてしまった以上、加害者に交渉して損害を賠償してもらうことは、一切できないのでしょうか？」と、Ｖさんは私のところに相談にいらっしゃいました。

Ｖさんから一通りお話を伺った時、私は、一瞬、適切な回答に窮してしまったことを覚えています。私は、「最適な方法を検討したうえで、追ってご連絡します」と言って、Vさんにはひとまずお帰りいただき、すぐに調査を行った結果、次のことがわかりました。

自賠責保険とは

加害者は任意保険に加入していなかったため、加害者が加入している保険で使えるものはというと、自賠責保険です。そう思った私は、自賠責保険について、あらためて調べてみました。

自賠法5条により、原則として全ての自動車は、自賠責保険または自動車損害賠償責任共済（以下「自賠責共済」といいます）の契約が締結されているものでなければ運行の用に供してはならないとされています。つまり、原則として全ての自動車について、自賠責保険か自賠責共済の契約の締結が義務付けられています。

自賠法3条本文には、「自己のために自動車を運行の用に供する者は、その運行によつて他人の生命又は身体を害したときは、これによつて生じた損害を賠償する責に任ずる」と規定されています（自賠法の対象は人身損害のみであり、物損は対象となっていません）。そして、自賠責保険では、被保険者である加害者は、自分が被害者に対して支払った損害賠償額について、自賠責保険会社に対して保険金の支払いを請求することができます（15条請求）。また、被害者は、加害者の損害賠償責任が発生した場合には、自賠責保険会社に対して、保険金額の限度において、直接自己に損害賠償額の支払いをなすよう請求することができます（16条請求）。

消滅時効の起算点が異なる

ここで、Vさんの自賠責保険会社に対する被害者請求権（自賠法16条）については、Vさんの加害者に対する損害賠償請求権と同様に、

「損害及び加害者を知った時」(民法724条１号)から消滅時効が進行すると解されており、したがって、治療費等は原則として事故発生日から消滅時効が進行することになります。よって、相談にいらっしゃった時点で事故から３年以上経過していたＶさんのケースでは、自賠法19条により、Ｖさんは自賠責保険会社に対する16条請求をすることができないと考えられました。

しかし、自賠法15条の加害者請求権の消滅時効の起算点は、自賠法16条の被害者請求権の消滅時効の起算点とは異なります。すなわち、加害者は、被害者に対し実際に損害賠償額を支払った場合にのみ自賠責保険会社に対し自賠責保険金を請求することができるのですから、加害者請求権の消滅時効の起算点は、事故発生時ではなく、被害者に損害賠償額を支払った時なのです。

そこで、私は、Ｖさんが自賠責保険会社に対して16条請求をすることができなくても、加害者がＶさんに損害賠償額を支払ったうえで、加害者が自賠責保険会社に15条請求を行えば、お金のない加害者であっても自腹を切ることなくＶさんに賠償することができると考えました。

交渉により賠償を受けられた！

以上のご説明をＶさんにしたうえで、私は、Ｖさんから、加害者に対する損害賠償請求の交渉事件を受任しました。

私が、加害者が加入する自賠責保険会社に連絡して確認したところ、Ｖさんの被害者請求権は、やはり時効によって消滅していることがわかりました。

そこで、私は、加害者が自賠責保険会社に対する15条請求により保険金の支払いを受けられる範囲内で、加害者からＶさんに対して損害賠償金を支払ってもらうという方針のもと、加害者との交渉を始めました。私は、加害者が自賠責保険会社に対して15条請求をするのに必要な書類を揃えたうえで、加害者に対して損害賠償金の支払いを求めたのですが、その際、Vさんが加入する任意保険会社の担当者も、自賠責保険会社に保険金を請求する際の治療費や休業損害の計算方法について相談にのってくれました。

通常、被害者から加害者に対する損害賠償の請求金額は、自賠責保険会社から加害者に支払われる保険金の額を上回ることが一般的ですが、今回は、消滅時効を主張する加害者を説得する必要がありましたので、加害者への請求額を、加害者が自賠責保険により受け取ることができる保険金の範囲内にとどめるという配慮をすることにより、スムーズに損害賠償額の支払いを受けることができました。

体験談2

保険会社は時効援用しないってホント?

弁護士4年目　男性

事故から時間が経っているけど……

高速道路で追突被害に遭った方の事案です。

依頼者Xさんは、不幸中の幸いにも怪我自体は重傷ではなく、いわゆるむち打ち症で済んだものの、かなりの速度で追突されたこともあって事故で覚えた恐怖心が残り、いわゆる鬱病のような症状が出て、整形外科に加えて心療内科でも治療を受けていました。

むち打ち症に関しては、MRI検査によっても特段の画像所見はなかったのですが、Xさんは頸部に強い痛みを訴えました。

ただ、鬱症状の影響もあってか積極的に医師の指示に従って治療を受けることができず、通院頻度がまばらになり、結果的に治療が長期に及ぶことになったようです。受傷から6か月が経過した頃に、相手方保険会社による治療費支払いの対応は終了となりましたが、Xさんはその後も健康保険を使って治療を続けました。

相手方保険会社は、治療費支払いの対応終了後もしばらくの間は定期的にXさんに治療経過等を確認していたとのことですが、Xさんの治療が長期に及ぶにつれて次第に連絡が少なくなり、事故から1年が経過する頃には没交渉となりました。

その後、Xさんは事故から2年弱を経過後に、手指に痺れが残る状態で症状固定に至り、被害者請求の形で後遺障害等級認定手続をとりましたが、認定結果は等級非該当でした。

Xさんは、事故による受傷で長期の治療を余儀なくされ、神経症状に悩まされているのに、これが後遺障害として評価されないのは納得できないとして、数度にわたって異議申立てを繰り返しているうちに、事故からは3年半が経過していました。

時効期間満了後の受任

私は、ここに至ってはじめてXさんから損害賠償につき相談を受けました。後遺障害に関する損害の発生がない以上、損害賠償請求権の消滅時効の起算点は事故時ですので時効期間はすでに満了しています。

なぜもっと早く相談しないのかと小言を交えつつ、この点を説明したところ、驚いて泣き出さんばかりのXさんから、「何とかならないだろうか」との懇願を受け、受任をすることにしました。

まずは、相手方保険会社に受任の連絡を入れました。

しかし、事故から長期間が経過している事案です。当時の担当者は別の部署に異動していましたし、Xさんと長期間没交渉になっていたことから、保険会社としては、相手方本人に保険請求の有無をあらためて確認する必要があるという説明がありました。そして、すでに相手方との保険契約は切れており相手方本人と連絡がとれるかどうかはわからないと言います。

そこで相手方本人に対しても書面で受任の通知をするとともに、保険会社にあらためて保険使用の請求をするよう促したのですが、数週間が経過してもなしのつぶてです。
やむなく一縷の望みを託して、訴訟提起に及ぶことにしました。

訴訟で和解成立

訴状が相手方に送達されたところ、相手方も保険会社に連絡を入れたようです。相手方は保険会社の弁護士が受任して応訴をしました。
私は、当然、消滅時効援用の主張がなされるだろうと考えていたのですが、相手方からは、治療内容及び治療期間の相当性を争うだけで時効に関しては全く触れません。
そのまま裁判所も交えて和解協議が進められ、当方が、治療期間に関して譲歩をして、受傷から９か月間分の通院慰謝料の賠償を受けることで和解をすることができました。
和解成立後、相手方の弁護士と裁判所のエレベーターの中で二人きりになったので、なぜ消滅時効を援用しなかったのか質問したところ、保険会社としては、事故による被害者の損害を回復し、安全な社会の実現を図るという使命から、消滅時効の援用をしないケースもあり、今回もこのような観点から消滅時効の援用はしなかったのだ、との回答でした。
消滅時効が完成後に相談を受けることは、それほど多くないと思います。事案によっては保険会社が消滅時効の援用をすることもあるでしょうから、このような場合に、「相手方に保険会社が付いていれば時効は気にしないでも大丈夫！」などと安易に回答しては絶対にいけませんが、逆に「無理無理。あきらめなさい」と冷たく対応するのもよくないことを実感しました。

ワンポイントアドバイス

保険会社の実務運用

多くの交通事故案件では、加害者（賠償義務者）が自動車保険（任意保険）に加入しています。体験談２では、加害者側が消滅時効の援用をせずに損害保険会社から損害賠償金の支払いを受けることができましたが、これはたまたま運がよかったというわけでもなさそうです。とある大手損害保険会社では、通常の賠償事案であれば、時効援用をすることはない、と管理職の方が（こっそり）教えてくれました。これは、監督官庁の指導や保険業界の取り決めといったものではなく、被害者の被害回復を図るという損害保険会社の社会的使命を全うするという観点から社内で取り決められていることだということですが、概ね他の損害保険会社でも同じ扱いだろうとのことです。もちろん、例えば、モラルリスク事案（不正請求事案）のように保険会社として保険金を支払うべきではないと判断した事案について、消滅時効が完成している場合には、より明確に請求を遮断できる消滅時効を援用することはあるということでした。

そのような保険会社の実務運用はあるとしても、消滅時効は法律上定められているもので、その援用は賠償義務者側の意思に委ねられていますので、体験談１のように加害者が任意保険に加入していない事案ではもちろんのこと、任意保険に加入していた事案であってもそれに胡座をかくことなく、被害者側の代理人弁護士としては、可能な限り速やかに賠償請求を行って早期の被害回復を実現すべきですし、自賠責保険などの仕組みを理解したうえで時効更新措置や債務承認（時効完成後の債務承認も含めて）などの方策を駆使して賠償請求権の保全と実現を図るようにしましょう。

また令和２年４月１日施行の改正民法（平成29年法律第44号）により新設された、「協議を行う旨の合意による時効の完成猶予」（民法151条）

にも注目したいところです。保険会社担当者の中には、明確な賠償案の提示をした場合はもちろん、示談代行権限に基づく交渉の継続という事実をもって、債務の「承認」の扱いとなるという感覚を持っている方もいるようです。訴訟の場で「承認」の有無が争点となったときに、保険会社担当者による交渉の継続という事実が「承認」にあたるかどうかは、その交渉内容にもよるでしょうし悩ましい問題ですが、従来被害者側も保険会社側も「承認」について比較的緩い解釈を前提に交渉にあたっていたことも事実かと思います。ただ、「協議を行う旨の合意による時効の完成猶予」の制度が設けられた現在では、保険会社が関与する示談交渉においても、従前のように「承認」を比較的緩く解釈することが妥当かどうかいささか疑問があります。この制度が利用された実例は十分に集積されているとは言い難いですが、被害者と保険会社との間で真摯な交渉が続けられているものの時効期間が迫ってきたというケースはこの制度が利用されるべき好例でしょう。この制度がより積極的に利用されるようになれば、保険会社担当者による交渉と「承認」の解釈や考え方にも影響が出てくる可能性があるかもしれません。

Method

08 自分の保険①（保険の種類）

▸ せっかくだから使おうよ

――交通事故に遭ったとき、相手方が全ての損害を賠償してくれるとは限らない。せっかく保険料を支払っているのだから、自分の保険も有効に使おう。

総合自動車保険には、さまざまな種類の保険が含まれています。

大きくは、賠償責任保険、人身傷害補償保険及び車両保険の３種類に分類することができますが、その他に多くの特約が存在します。

これらの保険は、相手方の損害をてん補するものと被保険者自身の損害をてん補するものに区別することができます。

賠償交渉の相手方の資力が乏しい場合や依頼者側にも過失が認められるような事案では、相手方に対する損害賠償請求に固執せず、依頼者自身が加入している保険を有効活用することによって、より多くの損害を回復することができる場合もあります。

依頼者自身の保険の内容を理解しておけば、依頼者の利益につながります。まずは、代表的な保険の概略を理解しましょう。

賠償責任保険

賠償責任保険は、対象となる損害の性質により、対人賠償責任保険と対物賠償責任保険に区別されます。いずれも、「被保険者が法律上の賠償責任を負担することによって被る損害」、すなわち、相手方に賠償すべき金額が保険金として支払われるものです。

賠償責任保険は相手方の損害をてん補するための保険ですので、賠償責任保険によって被保険者自身の損害をてん補することはできないように思えますが、示談の方法を工夫することにより、賠償責任保険によって、被保険者自身の損害を実質的に一部てん補することができる場合もあります。

なお、時々、「相手の保険会社が支払わないというので、その分を相手方本人に請求したい」という相談を受けることがありますが、賠償責任保険においては、被保険者の賠償責任額と保険金の支払額は原則として一致しますので、保険金額の上限（これを定めない契約が「対人無制限」、「対物無制限」と呼ばれるものです）や免責額などの約款上の定めによって、被保険者である相手方に自己負担額が生ずる場合でなければ、保険会社が支払義務を負わない部分について、相手方本人に請求することはできません。

人身傷害補償保険

人身傷害補償保険は、事故によって生命・身体に損害を被った者を被保険者とする保険であり、被保険者の過失割合にかかわらず、約款に定める基準によって算定された人身損害額の全額が支払われます。

人身傷害補償保険においては、約款に定める基準によって算定される損害額が裁判上認められる損害額を下回ることがあり、その差額については、さらに相手方に損害賠償請求をする余地があります。

人身傷害補償保険については、Method 9で、あらためて取り上げます。

車両保険

車両保険は、事故によって損害が生じた車両の所有者等を被保険者とする保険であり、被保険者の過失割合にかかわらず、被保険者の車両損害に相当する金額が保険金として支払われます。

損害賠償の場面においては、修理費用が被害車両の時価額を下回る場合（分損）には修理費用が被害者の損害となり、修理費用が車両時価額を上回る場合（経済的全損）には車両時価額が被害者の損害となります。

この考え方は車両保険においても基本的に同様ですが、車両保険の場合、契約時に、車両時価額に相当する価額を、保険会社と被保険者の間で協定しておくことが一般的であり、この協定価額が、実際の車両時価額（市場価格）を上回ることがあります。また、「新価保険特約」や「新車買替特約」など、一定の場合に、相手方に対する損害賠償請求では認められることがない新車購入費用を支払ってくれる特約も存在します。

そのため、被害車両に車両保険が付保されている場合、相手方に対して損害賠償請求をするよりも、被害者自身の車両保険を使用した方が、被害者の受領額が高額になることがあります。

弁護士特約

加害者が賠償責任保険を使用する場合、加害者側の弁護士費用は保険会社が負担することが一般的です。しかし、被害者として加害者に損害賠償請求を行うための弁護士費用については、通常は、これを被害者側の保険会社が負担してくれることはありません。判決等において弁護士費用が損害として認定された場合には、加害者側の賠償責任保険から支払いを受けることができますが、判決によって認定される弁護士費用額は、認容額が小さい場合には、被害者が実際に弁護士に支払う弁護士費用額を下回ることが珍しくありません。

ところが、自分の自動車保険に弁護士特約が付帯されていれば、被害者になった場合の弁護士費用を、自分の保険会社から保険金として受け取ることが可能になります（上限は300万円と定められていることが多いようです）。これを付帯することによる保険料がそれほど高くないこともあって、近時はこの特約が付帯されるケースが増えてきました。

この特約が登場する前には、例えば、損害額が10～20万円の範囲で争いになっているような物件損害の事件について、弁護士費用を自己負担してでも弁護士に委任するという人は、ほとんどいなかったと思います。弁護士に委任して20万円を回収したとしても、弁護士に対して、10万円以上の報酬を支払うことになれば、結局、被害者の手元に残る金額は変わらないからです。ところが、弁護士特約を利用すれば、事案にもよりますが、依頼者の経済的利益が10万円しかない事件でも、その金額を超える弁護士費用の支払いを受けられることがあるのです。そのため、同特約が登場してからは、交通事故に関する少額の損害賠償請求事件が急速に増加しているようです。

交通事故による損害賠償事案を受任する際には、依頼者の経済的負担を軽減するために、弁護士特約を使うことができないかどうかを必ず確認すべきです。

体験談1

車両保険は使いたくない！

弁護士８年目　男性

交通事故による物件損害の損害賠償請求を受任したときの話です。

双方、物件損害のみの事案でしたが、車両の損傷はそれなりに大きく、依頼者の車両は経済的全損状態で車両時価額60万円、相手方の車両は分損で修理費用約50万円と査定されていました。双方ともこの損害額自体には争いはありませんでした。

事故態様は、相手車両が第２車線から第１車線へ進路を変更した際に、後方から第１車線を走行してきた依頼者の車両と接触したというもので、基本過失割合は、依頼者30％、相手方70％と考えられる事案でした。なお、依頼者の説明では、相手方はウインカーを出していなかったそうです。

車両保険は使わないで……

依頼者は車両保険にも加入していましたが、自分にも多少の過失が認められることは理解しつつも、「車両保険は使いたくない」との強い希望をお持ちでした。車両保険を使うことにより、翌年以降の保険料が上がることを懸念されていたようです。念のため、依頼者の保険会社に確認してみたところ、依頼者が次年度以降も同内容の保険を締結すると仮定した場合、今回保険を使うことによって、向こう３年間で約20万円も保険料負担が増加するということでした。

私は、依頼者の金銭的負担を少しでも減らすべく、主に過失割合について相手方と交渉を重ねました。しかし、相手方も譲りません。結局、簡易裁判所に訴訟を提起することになりました。

訴訟でも頑張りました！

訴訟では、弁護士費用や遅延損害金を付加して請求しました（実際に買替えや代車を使用したりしていなかったので、買替諸費用や代車費用の請求はしませんでした）。

数回の期日を重ね、依頼者の陳述書も作成して提出しました。その結果、本人尋問前に、裁判所から、依頼者の過失を15％、相手方の過失を85％とする内容の和解案を得ることができました。

依頼者の過失を15%とした場合、保険を使わない場合の依頼者の自己負担額は、自車及び相手車両損害額の合計110万円の15%ですから、16万5,000円となります。この金額は、車両保険を使った場合の保険料増加額約20万円を下回るものであり、依頼者にも納得してもらうことができ、和解を成立させることができました。

こうして、和解が成立したときには、受任してから半年ほどが経過していました。

時価額60万円の車に88万円！

後日、相手方から支払われた賠償金を送金するために依頼者に連絡をしたところ、依頼者から、「和解の後に車両保険を使ったので、保険会社に送金してほしい」と言われました。車両保険を使いたくないという前提で訴訟までした事件でしたので、驚いて依頼者に理由を尋ねました。すると、依頼者は、申し訳なさそうに、「車両保険を使えば、88万円支払われると聞いたもんですから……」と言うのです。

時価額60万円の車に88万円も支払われるなんて、何かの間違いではないかと、私は、依頼者の保険会社に問い合わせてみました。すると、依頼者の車両保険では車価協定額が80万円と設定されており、契約車両が全損になった場合には、裁判上認められる時価額にかかわらず、この協定額が保険金として支払われるというのです。しかも、全損の場合には「車両全損時諸費用補償特約」により、さらに、保険金額（車価協定額）の10%が支払われるということでした。

確かに、依頼者には、車両保険によって88万円が支払われることになっていたのです。

保険内容さえ確認していれば……

本件は、基本過失割合が30対70と考えられるケースであるにもかかわらず、訴訟を提起して主張・立証を尽くした結果、15対85との解決を得たわけですから、私としては、解決結果に満足していました。

しかし、そもそも、本件は、相手方に対する損害賠償請求では、依頼者が無過失であったとしても、60万円しか回収することができない事件でした。事前に依頼者側の保険会社に連絡をした際に、車価協定額や車両全損時諸費用補償特約の存在を確認していれば、依頼者に対し、早い段階で車両保険を使用するように助言することができたはずです。

訴訟提起までして頑張りましたが、結果として、依頼者は車両保険金を受け取る時期が半年以上も遅くなっただけで、私の行った訴訟活動は、依頼者には経済的利益をもたらしませんでした。

弁護士費用は、弁護士特約によって支払っていただけましたが、徒労感の残る事件となってしまいました。

体験談 2

対物を使う

弁護士３年目　男性

相手方に資力がない

Ａさんが車を運転し、信号のない交差点を直進したところ、同じ交差点を右から直進してきたＢさんが運転する車と出合い頭で衝突したという事故について、Ａさんから相談を受けました。幸いにして、Ａさんに怪我はなく、主な争点は、物損の金額と過失割合という事案でした。Ａ

さんの車の修理費については、概算で40万円強と見込まれました。
他方、Ｂさんにも怪我はありませんでしたが、Ｂさんは任意保険に加入していませんでした。Ｂさんに対して、Ｂさんの車の修理見積を求めたところ、後日、Ａさんの修理費とほぼ同額の見積書が提出されました。
過失について、当初Ａさんは被害に遭ったという意識があり、自身に過失が生じることに疑問を抱いていましたが、裁判実務で用いられる『別冊判タ』の基準等を説明し、本件に最もあてはまる『別冊判タ』の基本割合（Ａさん４割、Ｂさん６割）で解決することには理解を得ることができました。
他方、Ｂさんと話をしても、Ｂさんの過失が大きくなることになかなか納得をしてもらえませんでした。裁判となった場合の話や、同じように『別冊判タ』の基準等の話をしても、Ｂさんからは「お互い自分の車は自分で修理すればよいではないか」（自損自弁）、という話が返ってくるだけでした。話を続けていると、どうやらＢさんには乗っていた車のほかに資産はなく、最近は日常生活にも苦労しているとのことでした。私は、Ｂさんは過失云々という点ではなく、現実的に支払うお金がないという理由から、過失の話合いに応じず、Ａさんへの支払いに難色を示しているのだと感じられるようになりました。

対物保険を自分に支払ってもらう??

こうして現実的なお金の話、相手方の資力の話になってしまうと、法的な理屈ではどうにもならない面もあります。このまま交渉を続けていてもＢさんから支払いを受ける望みは薄く、訴訟を提起することも考えました。しかし、本件ではＡさんにも４～５割程度の過失が認められることが見込まれましたし、和解の席でＢさんの損害と相殺することになれば、結局、自損自弁と同じ結論となり、裁判をしても実際にはＡさんの得にならないように思われました。
Ａさんは任意保険に加入していましたが、対人・対物賠償は付いているものの、車両保険の契約がありませんでした。「車両保険があれば、ひとまずＡさんの修理費はＡさんの保険で支払ってもらえたのになぁ……修理費は40万円を超えていて、Ａさんも諦めるわけにはいかないだろうし、どこまで回収できるかはわからないけれど、裁判をするしか方法はないのだろうか、Ａさんとの打合せでは、どのようなアドバイスをすればいいのだろう……」そんなことを考えていたところでした。

ちょうどその頃、会派の懇親会があり、先輩の弁護士に意見を聞いてみることにしました。先輩のアドバイスは一言でした。

「五分五分で相殺して対物使ったら？」

酔いが回っていた……というわけでもないのに、先輩が何を言っているのかわからず、翌日、先輩にあらためて電話で尋ねてみました。アドバイスの内容は次のようなものでした。いったんＡさんもＢさんも修理費は40万円ということとします。

まず、「五分五分で相殺」という部分ですが、ＡさんとＢさんがそれぞれ過失割合を５割とし、双方の請求権を相殺する合意をするということでした。過失割合を５割ずつにすると、結局、ＡさんのＢさんに対する損害賠償請求権が20万円、ＢさんのＡさんに対する損害賠償請求権も20万円となり、これを対当額で相殺すれば、結局、ＡさんもＢさんも相手方への支払いは生じないことになります。ここまでだとＡさんはＢさんから一切支払いを受けられず、自損自弁とほぼ変わらないということになりそうです。

そこで、後半の「対物を使う」という部分です。

Ａさんの対物賠償保険を使用すると、ＡさんのＢさんに対する損害賠償債務20万円について対物賠償の保険金が支払われることとなります。しかし、クロス払い（ＡさんがＢさんへ、ＢさんがＡさんへそれぞれ支払う方法）ではなく、相殺払いの合意をすると、Ａさんが自分のお金でＢさんに20万円を支払ったことになります。そうすると、Ａさんは、自分の対物賠償保険から相手に支払われるはずだった20万円を、自分の保険会社から受け取ることができるということでした。

これだ！　と思った私は、上記の内容をＡさんに説明しました。Ａさんは、過失割合を５割まで譲歩することには抵抗があったようですが、仮に裁判でより有利な判決を得たとしても、Ｂさんに資力がない以上は１円も回収できない可能性があることを説明し、理解を得ることができました（事前にＡさんの保険会社とも相談し、本件では双方過失割合５割で解決することもやむを得ない旨了解を得ておきました）。

私は、このようにしてＡさんの了解を得たうえで、Ｂさんを何とか説得し、双方の過失割合を５割として相殺払いの合意をしました。これにより、ＡさんはＢさんから車両損害額の差から生じる僅かな差額の支払いを受けるとともに、自分の保険会社から（Ｂさんに対する損害賠償債務分の）約20万円の支払いを受けることができました。結局、Ａさんは自身の対物賠償保険を使用したことで、Ａさんの車の修理費の負担を約半分に抑えることができたのです。

等級ダウンとの兼ね合いで……

ただし、先輩には、上記の方法に飛びつく前に、保険を使うこととなった場合にＡさんの保険料がいくら上がることになるかを確認するよう釘を刺されました。本件では、Ａさんの保険料の増額分と対物賠償の保険金によって回収できる金額を比べても、保険を使うことにメリットがあると考えて、Ａさんは保険を使うこととなりました。

保険を使うと、等級がダウンし、保険料が上がることが見込まれますので、このことは常に念頭に置いておく必要があると思います。

せっかく自分が加入している保険ですし、いざというときには自分の保険を上手に使った解決策もアドバイスできるよう、心がけています。

ワンポイントアドバイス

等級ダウンによる保険料の増加に注意しよう！

一般的な自動車保険においては、運転者に１から20までの等級が割り振られ、各等級に設定された割引率・割増率を適用することによって、保険料が算定されています。そして、保険を使う事故（保険事故）が発生した場合、運転者の等級がダウンすることによって割引率が低下し、次年度以降の保険料が増加してしまいます。

保険期間中に事故がなければ（保険を使わなければ）、運転者の等級は毎年１つずつアップしていきますので、保険を使った場合と使わなかった場合の保険料の差額は、運転者の等級が最上位の20等級に達するまで毎年発生することになります。そのため、保険料の増加による依頼者の損失は、事故後数年間の合計で、数十万円に及ぶこともあります。

一方で、契約内容によっては、等級がダウンしても数万円しか差額が生じないこともありますし、特約によって等級が維持されることもあります。また、人身傷害補償保険や弁護士特約のように、使っても等級に影響しない保険も存在します。

保険料の増加は、依頼者にとっては重要な関心事です。どの保険を使えば等級がダウンし、どの保険は等級に影響しないのかを知っておくことは、依頼者に対して効率的な損害回復方法を提案するための役に立ちます（どの程度、保険料負担が増加するかについては、保険会社に問い合わせて教えてもらいましょう）。

Method

09 自分の保険②（人身傷害補償保険）

▸「人傷」を極める

――「人傷」こと人身傷害補償保険の仕組みは非常に難解であるが、これを極めることができれば、あなたも専門家の仲間入りである。

「人傷」って何？

「人傷」（ジンショウ）とは、「人身傷害補償保険」の略称です。

人身傷害補償保険は、自動車等の運行等に起因する事故によって人身損害を被った者を被保険者とし、被保険者側の過失割合にかかわらず、保険約款に定める基準によって算定された損害額（以下「人傷基準損害額」といいます）の全額が支払われる保険です。

被保険者の過失割合が大きい場合、逃亡等により加害者が不明の場合、加害者が自賠責未加入かつ無資力の場合などにおいて、被保険者の被害を回復するために非常に有用な保険です。

「人傷」があれば大丈夫？

保険約款に定める人身傷害補償保険金の算定基準は、いわゆる『赤い本』による損害賠償額の算定基準とは異なります。そのため、人傷基準損害額は、多くの場合、加害者に対する損害賠償請求訴訟において認定される損害額（以下「訴訟基準損害額」といいます）とは一致しません。

このことにより、人身傷害補償保険金と加害者に請求する損害賠償金の関係が複雑になることがあります。

（1）被保険者に過失がない場合

通院頻度等にもよりますが一般的には、人傷基準損害額は訴訟基準損害額を下回るため（まれに逆転するケースもあります）、被保険者側に過失がない場合、人身傷害補償保険金を先に受領した被保険者は、さらに人傷基準損害額と訴訟基準損害額の差額を加害者に対して請求することができます。

（2）被保険者に過失がある場合

被保険者に過失がある場合、被保険者は、人身傷害補償保険金を先に受領することもできますし、加害者から損害賠償額を受領した後で、保険会社に対し、自らの過失分に相当する人身傷害補償保険金の支払いを求めることもできます。

かつては、人傷基準損害額と訴訟基準損害額が異なるにもかかわらず、先に受領した損害賠償額が支払保険金額から単純に控除されてしまうことなどから、被保険者に過失がある場合、人身傷害補償保険金を先に受領しておかないと、依頼者が受領することができる損害賠償金と人身傷害補償保険金の総額（以下「総受領額」といいます）が少なくなるという問題点が指摘されていました。しかし、現在（令和５年７月時点）の主要な保険約款では、「判決または裁判上の和解において賠償義務者が負担すべきとされた損害賠償額」（いわゆる訴訟基準損害額）が人身基準損害額と異なる場合には、訴訟基準損害額を人傷基準損害額とみなす旨の条項が設けられていますので、この問題は概ね解消されたようです（保険約款は変遷するものですので、随時、確認が必要です）。

被保険者の過失に優先充当

人身傷害補償保険も損害保険ですから、保険会社が保険金を支払った場合、支払われた保険金額の限度において、被保険者が加害者に対して有する損害賠償請求権が保険会社に移転します（請求権代位）。

もっとも、人身傷害補償保険金は、被保険者に生じた損害のうち被保険者自身の過失分に先に充当されると解されていますので、保険会社が代位することができる範囲は、支払った人身傷害補償保険金のうち被保険者の過失分を超える部分のみということになります。そして、保険会社に移転した請求権の価額は、損害のてん補として、被保険者の加害者に対する損害賠償額から控除されることになります。

このように、人身傷害補償保険金が被保険者の過失分に先に充当されることにより、被保険者の過失割合が被保険者の総受領額に影響しないことがあります。

このことを理解しておくことにより、加害者との示談や裁判上の和解の場において、相手方との交渉をスムーズにまとめることができる場合があります。

体験談１

保険金額と損害賠償額

弁護士７年目　女性

物損に関する相談

弁護士会の法律相談で交通事故の当事者から相談を受けた時の話です。

相談者Ｉさんは、大事に乗っていた自動車が事故で大きな損傷を受けたことに対する慰謝料を請求できないかについて相談したいということでした。事情を聞くと、被害車両は、Ｉさんがコツコツ働いて２年半ほど前に新車でようやく手に入れ、これまで大事に乗っていたもので、この車に事故歴がついたことに大変なショックを受けたから、慰謝料が認められてもおかしくないと切々と語ります。

ご承知のとおり、物損に対する慰謝料は、裁判例上、極めてレアなケースを除き認められていません。しかし、本件の事情からは評価損という形であれば、事故歴がついてしまったことを損害とする請求が認められる可能性がゼロではないと思われました。

事故状況に関しては、対向の相手方車両がセンターラインをオーバーしてきて、Ｉさんの自動車に接触したということでした。お互いの車の速度は、いずれも時速40kmくらいであったというので、私は、Ｉさんに怪我はなかったのかと質問しました。すると、怪我に関しては「保険会社に対応してもらったので大丈夫です」ということでした。

このような話を確認し、Ｉさんと請求方針を打ち合わせた結果、私は、相手方に評価損の補償を求めることとし、まずは示談交渉を受任することになりました。

交渉決裂、訴訟へ

私は、事務所に戻ると、早速、相手方保険会社に受任通知をFAXで送りました。

その後、相手方保険会社の担当者との電話の中で、Ｉさんは評価損の補償を求める意向が強いことを伝え、相手方保険会社において評価損として認定できる額を検討してほしいと依頼しました。

すると、その担当者は、戸惑った様子で、そもそも事故状況に争いがあるので、まずは過失割合から話合いをしたいと言います。詳しく聞いてみると、相手方本人は、Ｉさんの主張とは逆に、センターラインオーバーをしたのはＩさんの車両だと述べているということでした。この点については、後日、弁護士会照会で検察庁から実況見分調書を取り寄せて事故状況を確認した結果、相手方がセンターラインオーバーを認めていたことが確認できたことなどから、Ｉさんが無過失であることで話がつきました。

しかし、Ｉさんの車両が初度登録から２年半を経ていたことなどから、評価損の発生については折り合いがつかず、結局、訴訟を提起することになりました。

「人身損害の請求はしないの？」

訴訟では、裁判官から、被害車両が事故時に初度登録から２年半が経過していたことなどからすると、評価損の発生を軽々に認めることはできないと言われてしまいましたが、和解案においては、修理費の１割相当額を評価損とするという提案がなされました。

私は、裁判所の見解を踏まえ、Ｉさんと協議をしましたが、Ｉさんは、「修理費の１割なんてそんな金額で納得できるわけないでしょう！　そんな条件では和解は希望しません！」と憤ります。

和解を諦めようかと思っていたとき、相手方代理人から電話がありました。相手方としては裁判所和解案を受け入れる方針であるとのことです。こちらはなかなか難しいんですよね……と答えていると、「ところで、人損については請求しないんですか？」と質問されました。私はＩさんからは人身損害については解決済みであると聞いていると回答をしましたが、相手方代理人からは、「あれ、そうだっけ？」と腑に落ちていないような返答がありました。

電話を終えて、よくよく考えてみると、そもそも当初は相手方も無過失を主張していたのですから、相手方保険会社が人身損害だけは支払うという対応をとるということはあり得ないはずだと気が付きました。

そこで、Ｉさんに再度確認をすると、人身損害について保険金の支払いを受けたのは、相手方の保険ではなく、ご自身の人身傷害補償保険によるものだということがわかりました。

人身傷害補償保険では、傷害慰謝料はその保険会社の約款に基づいて算定され、一般に裁判基準（赤本基準）よりも低額になります。そのため、Ｉさんが受け取った金額と、損害賠償として相手方から支払われるべき金額とでは、傷害慰謝料等に差額がある可能性があるのです。

実際に計算してみたところ、『赤い本』の基準に従えば、さらに30万円程度は慰謝料の請求をすることができそうでした。

私は、すぐに、Ｉさんの人身損害について相手方代理人に追加請求したい旨を申し入れ、最終的に、修理費の１割相当額の評価損に加え、傷害慰謝料等として約30万円の賠償を受ける形で和解を成立させることができました。Ｉさんも、評価損としての金額はともかく、もともとは期待していなかった慰謝料が加算されたことで、和解内容に満足してくれたようでした。

体験談 2

過失があっても全額てん補

弁護士８年目　男性

保険には種類があり過ぎて、よくわからない

交通事故に関する保険には実にさまざまな種類があります。そのため、私は、弁護士になって間もない頃、交通事故事件を取り扱い始めた当初は、保険制度の全貌をつかむことができず、苦手意識を持っていました。

以下では、私が、依頼者が加入していた保険の存在に気づくことにより、その後の相手方との交渉をスムーズに進めることができたというエピソードをご紹介します。

過失割合は双方譲れない

私は、知人の紹介で相談にいらっしゃったＡさんから、弁護士費用特約を利用して、交通事故の損害賠償請求の代理を受任しました。

Ａさんは、自動車を運転中に相手方の自動車と衝突し、Ａさん所有の自動車が破損し、Ａさん自身も傷害を受けたという方です。Ａさんからは、「生活が苦しいので、何とか少しでも多く相手方からお金をとってください」と懇願されました。

私が、『赤い本』に基づいて算定したＡさんの人身損害の総額は、約120万円の既払治療費を含めて、約1,000万円でした。

しかし、この事故は、Ａさん側にも相当な過失が認められると考えられる事故であり、過失割合が一番の争点でした。当方の主張は、20（Ａさん）：80（相手方）、相手方の主張は、40（Ａさん）：60（相手方）であり、私は、相手方が加入している任意保険会社の担当者と何度も交渉しましたが、相手方は一向に譲る気配がありませんでした。

正直、Ａさんの代理人である私の見立てでも、Ａさんの過失割合を40％より下げることは、『赤い本』や『別冊判タ』の基準に照らして困難でした。その旨をＡさんにもご説明しましたが、Ａさんは、後遺症が残っていることもあり、生活に対する不安が大きく、過失割合について譲歩するお気持ちになかなかなれない様子でした。

結局、Ａさんの意向に従って、訴訟を提起することになりました。

相手方の弁護士から水を向けられて

第１回期日には、被告代理人弁護士も出頭しました。

期日後に名刺交換をした際、被告代理人から、「ところで、Ａさんが加入されている保険の中に人身傷害補償保険があれば、まずは、それをお使いになられてはいかがでしょうか」と言われました。私は、即座には被告代理人の意図がわからず、「その点につきましては、確認させていただきます……」と、やや小声になりながらも、「本日いただきましたご提案につきましては、本人と検討させていただいて、あらためてご連絡いたします」と無難に答えて、その場を後にしました。

人身傷害補償保険により、過失部分を含めた損害額全額がてん補された！

事務所に戻った私は、急いで、買い込んである書籍を開いたり、インターネットで保険会社のウェブサイトを検索したりして、人身傷害補償保険のことを調べて、人身傷害補償保険は、被保険者自身の人身損害に対して支払われるものであり、かつ支払われた金額の全てを加害者に対する請求額から控除する必要はなく、被保険者自身の過失分に優先的に充当することができるというものであることを理解しました。この保険が使えれば、Ａさんの損害をより多く回復することができそうです。

そこで、私は、Ａさんに、ご自分が人身傷害補償保険に加入しているかを調べてもらったところ、加入していることがわかりました。

早速、私は、Ａさんの保険会社に連絡をとり、人身傷害補償保険によって支払われる保険金額を尋ねました。保険会社によれば、Ａさんに支払うことができる人身傷害補償保険金は、治療費を除いて約700万円ということでした。訴訟提起前に相手方から提示されていた金額は約1,000万円の60％から既払治療費を控除した約480万円でしたので、もし、人身傷害補償保険金が、全て損害賠償請求額から控除されるとすると、人身傷害補償保険金を受け取った時点で、Ａさんが相手方に請求することができる金額はなくなってしまいます。しかし、実際には、人身傷害補償保険金は、被保険者の過失分に先に充当することができるので、損害賠償額から控除しなければならない金額は、相手方主張の過失割合で算定しても、保険金700万円からＡさんの過失分である400万円を差し引いた300万円のみとなり、相手方からは、まだ180万円の賠償を受けることができるはずです。私は、連絡をくれたＡさん側の保険会社の担当者にも状況を説明し、私の考え方が間違っていないことを確認しました。

そこで、私は、Ａさんに人身傷害補償保険を先に使うことを勧めました。

人身傷害補償保険を使用することにより、既払治療費を除いた人身損害の全額である約880万円を受領することができると知り、Ａさんの相手方に対する怒りのお気持ちや過失割合に対するこだわりも少し和らいだようでした。

裁判上の和解成立

Ａさんは、ご自分が契約していた保険会社から先に保険金の支払いを受けて、経済的な損害が回復されたことにより、お気持ちに余裕が出ていらっしゃいました。

人身傷害補償保険を使用したことにより、当初目標としていた金額以上の支払いを受けることができたため、Ａさんは過失割合について強くこだわることはなくなり、後日、裁判所から提示された和解案を受け入れてくださいました。

本件を受任した当初、私は、「相手方がいる事故なんだから、Ａさんが被った損害は、過失割合に応じて相手方から賠償してもらう必要がある」ということしか頭にありませんでした。

私は、Ａさんが被った損害をいかに早期にてん補するかという視点や、Ａさん自身が契約している保険の中に使えるものはないかという視点に欠けていたことを反省しました。

ワンポイントアドバイス

依頼者の利益を考える

自賠責保険金は遅延損害金に先に充当されますが、人身傷害補償保険金は元金に充当されると解されています。したがって、加害者から損害賠償金を受領する前に人身傷害補償保険金を受領することが、かえって、依頼者にとって不利益になることもあり得ます。

また、人身傷害補償保険においては、被保険者の現実収入が少なくても、年齢別平均賃金によって休業損害や逸失利益を算定することが認められている場合があります。このような場合、人傷基準損害額が訴訟基準損害額を上回り、人身傷害補償保険金を先に受領することで、相手方に対する損害賠償請求をする必要がなくなることがあります。

例えば、実収入額360万円の被害者が亡くなった事案で、約款に定める年齢別平均賃金額576万円を基礎として人身傷害補償保険金額が計算されると、以下のように、相手方に対する損害賠償請求額を人身傷害補償保険金額が上回る結果となることがあります。

訴訟における損害賠償請求額

費　目	認定額
治療費	¥20,000
入院雑費	¥21,000
休業損害	¥100,000
傷害慰謝料	¥250,000
死亡慰謝料	¥28,000,000
死亡逸失利益	¥20,291,040
葬儀費用	¥1,500,000
損害合計	¥50,182,040

人身傷害補償保険金

費　目	認定額
治療費	¥0
入院雑費	¥16,500
休業損害	¥100,000
傷害慰謝料	¥126,000
死亡慰謝料	¥20,000,000
死亡逸失利益	¥32,465,664
葬儀費用	¥1,000,000
保険金合計	¥53,708,164

依頼者が人身傷害補償保険に加入している場合には、保険会社に問い合わせて支払われる保険金額を確認したうえで、依頼者にとって最も有利な損害回復方法を検討する必要があります。

Method

10 自分の保険③（公的保険）

▶ 1に労災、2に健保

——交通事故による治療は自由診療が主流だが、健康保険や労災保険を利用することはできるのだろうか。また、利用した場合にはどのようなメリット・デメリットがあるのか。

自由診療は、誰のため？

健康保険や労災保険を使った診療を「保険診療」、使わない診療を「自由診療」といいます。

健康保険診療では、健康保険法に基づき厚生労働大臣の定める診療報酬点数表により診療行為ごとの診療報酬点数が定められ、この診療報酬点数1点当たりの単価を10円として、診療報酬が算定されます（労災保険診療では1点当たり12円となります）。

これに対し、自由診療の場合には、医師は患者との合意により、診療報酬を自由に定めることができます。交通事故に遭った被害者について、病院から発行される診療報酬明細書をみると、健康保険や労災保険を使用することが可能な治療であるにもかかわらず、1点当たりの単価が20〜30円に設定されている例が見受けられます。このような場合、自由診療とすることにより、病院は、保険診療の2〜3倍の診療報酬を得ていることになりますが、診療内容について、健康保険や労災保険の対象となる診療のみが行われている限り、あえて自由診療とすることに被害者のメリットはないと言ってよいと考えられます。

健康保険は使えない？

ところで、交通事故で受傷した被害者が病院に行った際、窓口で、「交通事故なので健康保険は使えません」と言われたという話を耳にすることがあります。そして、このような病院は、往々にして、「加害者が支払うべきものだから、健康保険は使えないんですよ」といった説明をします。

しかし、実際には、交通事故でも健康保険を使うことは可能です。

この点は、旧厚生省時代の通達（健康保険及び国民健康保険の自動車損害賠償責任保険等に対する求償事務の取扱いについて（昭和43年10月12日保険発第106号）等）によって明らかにされており、異論のないところです。

ただし、現在の我が国では、原則として、一連の傷病について保険診療と自由診療を併用することは禁止されています（混合診療の禁止）。そのため、保険診療の対象とならない治療が必要となる被害者については、保険診療の対象となり得る治療についても自由診療にせざるを得ないという状況も考えられないわけではありません。

労災事故には健康保険は使えない

交通事故は、もちろん、勤務中に発生（業務災害）することもありますし、通勤途中に発生（通勤災害）することもあります。

このような事故の場合、被害者は、労災保険によって、療養（補償）給付（すなわち治療です。業務災害の場合は「療養補償給付」、通勤災害の場合は「療養給付」といいます）を受けることができます。労災保険によって療養（補償）給付を受けられる場合には、健康保険を使うことはできません（健康保険法55条１項）。

労災保険にはお得がいっぱい！

交通事故が同時に労災事故である場合、労災保険を使うことには、以下のとおり、被害者にとって多くのメリットがあります。

（１）療養（補償）給付

労災保険の療養の給付には、自賠責保険のような上限金額の定めがありません。自賠責保険では、上限額を超える場合には、治療費も過失割合に応じて被害者自身の負担となってしまいますが、労災保険の場合、被害者に過失があるとしても、被害者が治療費を負担することはありません。

（２）特別支給金

休業（補償）給付や障害（補償）給付については、加害者に対する損害賠償請求において損益相殺の対象とならない「特別支給金」の支払いを受けることができます。

（３）損害賠償額との調整

労災保険給付は、加害者に対する損害賠償請求の場面では損益相殺の対象となりますが、相手方の任意保険や自賠責保険からの既払金とは異なり、費目の流用が認められていません。

そのため、先に受領した休業（補償）給付及び障害（補償）給付は、被害者の休業損害や逸失利益といった消極損害のみに充当され、被害者の過失が大きい場合であっても、慰謝料額等の別の費目の損害額から控除されることはありません。

また、被害者の後遺障害が重い事案（７級以上）では、障害（補償）

給付が年金方式となりますが、年金の受給中または年金の支給開始前に、被害者が加害者から損害賠償を受けたときは、その価額の限度で、年金の支給は一時的に停止されます（労働者災害補償保険法12条の４第２項）。しかし、この停止期間は７年間（平成25年３月29日基発0329第11号）に限られていますので、支給が停止される金額の合計が損害賠償額として先に受領した逸失利益の額を下回ることがあり得ます。その結果、被害者は、労災保険を使うことにより、相手方に対する損害賠償請求によって得られる金額を超える経済的利益を得ることができることになるのです。

なお、休業（補償）給付が休業損害に、障害（補償）給付が逸失利益に充当されることは判例上明らかですが、休業損害額を上回る休業（補償）給付が逸失利益にまで充当されるかどうかについては、判例上必ずしも明らかにされていないようです。

自由診療の落とし穴

以上のとおり、労災保険が適用される交通事故については、労災保険を使わない手はありません。

これに対し、健康保険については、健康保険を使うことによって、被害者に積極的なメリットはないように思われるかもしれません。しかし、過失相殺や素因減額が見込まれる事案では、自由診療によって治療費が２倍、３倍に膨れあがった結果、過失相殺・損益相殺後に既払金が控除されることによって、最終的に被害者が手にすることができる賠償額が大幅に目減りしてしまうことが考えられるのです。

したがって、自由診療での治療を続けている被害者から相談を受けた場合には、被害者のために、健康保険や労災保険を使用することによる治療費の圧縮を検討してみる必要があるでしょう。

まさに、１に労災、２に健保、なのです。

体験談 1

労災だったらまず労災保険。そんな単純な話でもなく……

弁護士 5 年目　男性

業務中や通勤途中に交通事故に遭ってしまった！

業務中や通勤途中に事故で負傷したら、治療費等が労災保険で支払われる対象になることはご存知だと思います。ですが、それが交通事故だったときには、自賠責保険や任意保険との関係はどうなるのか？　どこにどういう請求をしたらよいのか？　両方に請求してよいのか？　請求の順番が決まっているのか？　など、悩むことがたくさん出てきます。

私が相談を受けたケースは、依頼者のお父さんが出勤する途中に車にはねられ、意識不明で病院に搬送されたというものでした。通勤災害にあたる事故でしたが、加害者側は、被害者が交差点から飛び出してきたと主張しており、任意保険会社は支払いに応じず、警察の捜査もどう進むかわからない状況でした。自賠責保険に対する被害者請求をすることは可能でしたが、事故状況の調査や重過失が問題となって、支給が遅くなったり、金額が減額されたりする可能性がありました。

病院は、労災事故かどうかわからない

事故の連絡を受けた家族が搬送先の病院に行き、入院や治療に必要な手続をしている中で、病院の事務の人に、通勤途中の事故だと説明したところ、労災事故として手続を進めてもらうことになりました（第三者加害行為届を書いて提出しました）。

事故直後のこの時点では、相手方が任意保険に入っているかどうかもわからない状況だったのですが、労災事故として取り扱ってもらえたことで、病院から基本的な治療費の請求はされませんでした。

保険の支給対象に含まれない文書料や差額ベッド代、雑費等は患者負担になりましたが、事故直後、被害者やその家族は、身体面の不安だけで目一杯になっている中で、当面の治療費の心配はそれほどしなくてよくなり、被害者の看護に注力してもらうことができました。

本件の場合、被害者は脳に大きなダメージを受けていて、入院したうえで何度か開頭手術を行うなどしたため、治療費は、自賠責保険から支払われる120万円では足りなかったでしょう。労災事故であることに気づかずに健康保険を使っていたら、３割の自己負担分を支払うことも大変だったと思います。

医療機関側は、患者が労災事故によって負傷したことはわかりませんので、被害者の方から、早い段階で勤務中や通勤中の事故であることを医療機関に伝える必要があります。本件では、家族が初期の段階で通勤中の事故であることを説明したことで、医療費の負担を軽減することができました。

労働者のための保険

その後、相手方の加入している任意保険会社が判明しましたが、私は、依頼者と相談して、相手方の保険会社ではなく、労災保険に対して休業給付を請求することにしました。労災保険では、６割の基本支給に２割の特別支給金が追加されても合計８割までしか休業給付が支給されませんが、本件事故については被害者の過失も相当大きく、相手方保険会社との交渉が難航しそうだったので、ひとまず、労災保険から休業給付を受けることにしたのです。

休業給付を受けたことにより、被害者の家族も、看護しながら自分たちの生活を続けることができました。

このようにして、本件の依頼者は、治療費と生活費を労災保険でまかなうことができました。

ただし、差額ベッド代などは病院から依頼者に請求がされました。労災保険では、慰謝料や入院雑費等は支給されないためです。これらの費用については、後日、相手方に対して損害賠償請求をすることにしました。

もし、相手方が任意保険に加入しておらず、賠償に応じようとしなかったり、資力が乏しいような状況だったら、労災保険で支給されない費用は自賠責保険に被害者請求することになったと思います。しかし、今回は治療費だけで自賠責保険の保険金額を使い切ってしまう状況でしたので、これらの慰謝料や雑費の被害者請求が労災保険から自賠責保険への求償より後になってしまった場合、自賠責保険からは何の支給も受けられなくなるところでした。労災保険では給付対象外だが自賠責保険では給付が受けられるという費目については、労災保険から治療費の求償請求がなされる前に、自賠責保険に被害者請求をすることを考えてよいと思います。

費目流用って？

労災保険を使うことのメリットとして、被害者に過失がある場合でも、費目流用がされないということも挙げられます。

費目というのは、労災保険で支給される、療養（補償）給付、休業（補償）給付、といった区分をいい、労災保険の支給金額は、この費目ごとに決まります。

被害者側にも過失がある事故では、加害者側から損害賠償を受けるときに過失相殺がなされ、そのうえで受給済の労災保険給付が既払金として賠償金から控除されるため、事前に労災の給付を受けていると、損害賠償請求額が大幅に減ってしまうようにも思えます。しかし、労災保険給付については、すでに支払われた保険給付の額が、その費目に対応する損害の過失相殺後の金額を上回ったとしても、上回った部分を他の損害費目から控除されることはありません（費目流用の禁止）。

例えば、本件では、被害者は、事故前に月約40万円の給与を得ていましたので、労災保険から月約24万円の休業給付と月約８万円の特別支給金を受領していました。休業損害の総額は約200万円に上りましたが、最終的に被害者に50％の過失が認められたため、相手方に損害賠償請求をすることができる休業損害額は約100万円だけでした。そして、被害者は、そもそも損益相殺の対象とならない特別支給金（合計約40万円）以外に、約120万円の休業給付を受けていました。つまり、すでに受領した休業給付の金額が、相手方に対して請求することができる金額を上回っている状況でしたが、上回っていた20万円が休業損害以外の費目から控除されることはありませんでしたので、結局、被害者は、相手方に対する請求では100万円しか受領することができないはずの休業損害について、労災保険を使うことにより、特別支給金とあわせて160万円まで損害を回復することができたのです。

このように、労災保険の給付と相手方に対する損害賠償請求は、重複する部分もありますが、重複しない部分もあります。適切なタイミングで、適切なところ（労災・自賠責）から給付を受けることが、被害者の利益になるのだと思います。

体験談 2

健康保険を使いましょう

弁護士 3 年目　男性

「保険証を出してください」

私たちが病気にかかってお医者さんの診察を受けるとき、受付窓口でこう言われるでしょう。あなたは、「なぜですか？」と問い返しますか？おそらく、当たり前のように財布から保険証を取り出し、何のためらいもなく手渡していることが多いのではないでしょうか。それほど、普段の私たちは、特に意識をしないまま健康保険を使って診察を受けていることと思います。「今日は健康保険を使うぞ！」などと意気込んで受診する人はおそらくまれでしょう。

ところが、交通事故の場面になると多少様子が変わってくることがあります。

私が相談を受けたＡさんからは、「なぜ健康保険を使わないといけないんですか！　被害者ですよ！　使いたくありません！」と言われてしまいました。Ａさんは、相手方であるＢさんの保険会社の対人対応を受けていましたが、その保険会社の担当者から、「健康保険での診療をお願いします」との申入れをされていたのです。Ａさんは被害感情が強く、保険会社からの申入れに全く納得がいかない様子でした。

Ａさんから相談を受けた私は、一体どのようなアドバイスをするべきなのか、本当にＡさんは健康保険を使わなくてよいのか、悩むこととなりました。

被害者にメリットはない？？

Ｂさん側の保険会社がＡさんに健康保険を使うようお願いしたのは、少しでも支払い（保険金）を抑えたい、という本音もあったのではないかと思います。いわゆる３割負担になるから（健康保険組合から求償され得るので、この点は有利・不利という問題ではないように思います）ということよりも、自由診療の場合、診療報酬点数（単価）が「１点＝20〜30円」とされることがありますが、健康保険を使えば「１点＝10円」ですから、医療費に関する支払いを相当低く抑えられることとなり、Ｂさん側（保険会社）にはメリットがあるといえそうです。

これに対して、Ａさんはというと、Ｂさん側の保険会社の意図を推測し、「自分は被害者なのですから、加害者の支払いを抑えるのに協力する必要はないでしょう。これでは相手の言いなりではないですか」とますます健康保険を使いたくない気持ちを強くしていました。

そこで、Ａさんにとってのメリットはないのか、次のような表を使ってＡさんと一緒に考えてみました。

健康保険使用の有無による手取額試算表

項　　目	自由診療	健康保険
治療費	¥5,000,000	¥750,000
通院交通費	¥100,000	¥100,000
休業損害	¥900,000	¥900,000
慰謝料	¥1,800,000	¥1,800,000
小計	¥7,800,000	¥3,550,000
過失相殺（25％）	¥－1,950,000	¥－887,500
賠償額	¥5,850,000	¥2,662,500
既払金	¥－5,000,000	¥－750,000
手取額	¥850,000	¥1,912,500

かなり極端な例ですが、自由診療の場合の治療費を「１点＝20円」、Ａさんの過失25％という前提で、損害項目について具体的な数字を入れ

て計算してみた表です。

健康保険を使う場合、単純計算ですが、治療費の額が大きく変わります。診療報酬点数（単価）が「１点＝10円」と半分になり、このうち窓口における３割の自己負担分のみを損害として考えるため、結局、損害として認められる治療費は500万円×１／２×30％＝75万円になります。そして、治療費以外の損害項目の額は同じですので、表のとおり、過失相殺（25％）した後の賠償額は、自由診療の場合は585万円、健康保険を使う場合は266万2,500円と算定されます。

一見すると、賠償額が半分以下になっていることから、Ａさんにとって不利に思われるかもしれません。しかし、治療費は医療機関にすでに支払われていますので、Ａさんの手元に残るものではありません。したがって、Ａさんの手元に残るのは、この賠償額から治療費を「既払金」として差し引いた金額となります。表の一番下の手取額の部分をみていただければ、健康保険を使った方が手取額が増えることが一目瞭然です。

この考察により、Ａさんにとっても健康保険を使うことによる経済的メリットは大きいということがわかりました。

デメリットはないか？

逆にデメリットはないのでしょうか？

例えば、保険適用外の治療が受けられないとか、十分な治療が受けられないのではないか……といった疑問はありました。『赤い本』にも「事前に病院と相談されたい」と書いてあります。保険適用外の治療も見込まれる場合には、基本的に健康保険を使用しつつ、保険適用外の治療を実際に受けられるのか、費用はどうなるのか等を少し立ち止まって検討し、病院や主治医と相談する必要があるように思います。保険適用外の治療を受ける見込みがない場合には、健康保険を使ったからといって不十分な治療になることはないはずですので（誤解をおそれず同じ土俵に並べると、刑事事件の弁護人は、国選だからといって私選と比べて手を抜くわけではない、といったところでしょうか？）、デメリットはないように思いますが、違った考え方もあるかもしれません。

本件では、Ａさんの通院、治療は今後も相当期間続き、またＡさんにも多少の過失が生じるのはやむを得ない事案であったため、Ａさんにとっては健康保険を使うメリットの方が大きいと考えられ、Ａさんには健康保険を使った方が望ましいとアドバイスしました。最終的にＡさんも納得し、健康保険を使って通院することとなり、その後自由診療を続けた場合よりも手元にお金が多く残る形で示談することができましたので、Ａさんにとってよりよい解決になったのではないかと思います。

ワンポイントアドバイス

心情と利益のバランス

弁護士に相談に来る交通事故被害者の中には、加害者側の保険会社に不信感を抱いている方もいらっしゃいます。加害者側の保険会社は、被害者を騙して、賠償金を少なくしようとしているのではないかと疑っているのです。このような方は、「健康保険を使ってください」という加害者側の保険会社の言葉にも強く反発し、頑なに健康保険を使おうとしないことがあります。

また、労災事故においては、「勤務先に迷惑をかけたくない」という気持ちから、労災保険を使うことに消極的な方もいらっしゃいます。

過失相殺や素因減額などによる減額が問題になる可能性が低い事案であれば、被害者の気持ちを尊重し、健康保険や労災保険を使用しないという選択肢もあるかもしれません。しかし、多くの場合、被害者は、自由診療によるデメリットや健康保険や労災保険を使うことのメリットを認識していないと思われます。

弁護士としては、健康保険や労災保険を使うことによるメリットとデメリットを十分に理解し、これをわかりやすく依頼者に説明できるような準備を心がけたいものです。

Method
11 業界用語

▸ 暗号ヲ解読セヨ

——交通事故の実務では、普段聞き慣れない専門用語が数多く使われている。保険会社の担当者、交通事故に精通している弁護士、裁判官との大切な会話に全くついていけずあたふたしないよう、ある程度の知識は身につけておこう。

ある日の事務所でのやり取り

ボス「この事案、ジンのウチョクだよね。症状固定後に、ジュウロクジョウでいこうか」
私「……はい！　私もそのように考えていました！」
ボス「それはよかった。ところで、ジンショウあるのかな？」
私「……確認します！」
ボス「では、諸々よろしくね」
私「……」

ボスの話はまるで呪文です。当時、事務所に入ったばかりの私は、ボスが何を言っているのかさっぱりわかりませんでした。

１日悩んだ末、私は、次の日、ボスのもとに行きました。

私「すみません、昨日の件なのですが……」
ボス「ジンショウどうだった？」

私「いえ、もう一度、はじめから確認させていただきたいのですが……」

その後、私がボスから怒られたことは言うまでもありません。

聞かぬは一生の恥

このように、会話に出てきた用語の意味が全くわからなかったとしても、「ちょっと待った！」と会話を中断し、率直に用語の解説を求めるのは、相当、勇気がいることです。大抵の若手弁護士は、頭の中がクエスチョンマークでいっぱいになっているのを気づかれぬよう、理解しているふりをして、その場をやりすごしてしまうものです。

ボスに怒られたり、自分が恥をかいて済むのであればよいのですが、知ったかぶりのまま交渉を進めたせいで、取り返しのつかない事態に陥ることもあります。弁護士としての体面を取り繕うためだけのその場しのぎで、依頼者に思わぬ不利益を及ぼすようなことがあってはなりません。

「聞くは一時の恥、聞かぬは一生の恥」誰しも初心者だった時期があるのですから、知らないことを恥じることはありません。むしろ何でも臆せず質問できるのは、若手弁護士の特権なのです。

あなたはどこまでわかる？
難易度レベル別ギョーカイ用語

業界用語は、目ではなく耳から入ってくるものがほとんどです。ですから、あえてカタカナ表記にして、交通事故の実務でよく使用される用語をいくつか挙げてみました。なお、レベル付けは、筆者の主観によります。

【レベル１】

このレベルは語感から何となく意味が推測できる用語です。この機会にご確認ください。

・ラプニッツケイスウ（ライプニッツ係数）

逸失利益算定の際に使用される中間利息控除係数を指します。17世紀のドイツの哲学者・数学者ゴットフリート・ライプニッツに由来します。

・チンセ（賃セ）

賃金センサス（厚生労働省が発行する賃金の統計）を指します。男女・年齢・学歴・産業・企業規模に応じた統計があります。

・ベッピョウ（別表）

『赤い本』に掲載されている入通院慰謝料の基準となる算定表を指します。むち打ち症等で他覚所見がない場合等は別表Ⅱを、それ以外の症状については別表Ⅰを参照して算定します。

なお、後遺障害等級と労働能力喪失率を定める自賠法施行令にも別表第１及び第２が存在し、介護を要する後遺障害には別表第１、その他の後遺障害の場合には別表第２が適用されます。別表第１が用いられる事案が限定的であることから、特にその場合には「別表１の○級○号」といいますが、それ以外の場合には単に「○級○号」ということが多いでしょう。

・ジバイ（自賠）

自賠責保険を指します。

・コバイ（個賠）

個人賠償責任保険を指します。自動車保険以外でも火災保険に特約として付されているケースもあり、加入者が意識していないこともあります。自転車による加害事故等の際に重要となります。

・シャリョウ（車両）

車両保険を指します。

・ゼンソン（全損）

車両等が全損となっている状態を指します。車両等が物理的に修復不能な場合のほか、修繕または回収等のための費用が車両等の時価相当額を超える場合には、経済的全損として取り扱われます。

・フンセ（紛セ）

公益財団法人交通事故紛争処理センターを指します。

・キュウソン（休損）

休業損害を指します。応用例として、主婦の休業損害は「シュフキュウソン（主婦休損）」といいます。

・ベントク（弁特）

弁護士費用特約を指します。

・ブンソン（分損）

修理が可能であり、かつ修理費・仮修理費または運搬費用の合計が時価及び買替諸費用の合計を超えない状態を指します。

・ジゼンニンテイ（事前認定）

任意保険会社が、他の損害保険会社等に契約されている自賠責保険を含め一括して保険金を支払う場合に、自賠責における支払いの対象となるか否か（後日求償した際に支払ってもらえるか否か）を自賠責において事前に判断してもらうことを指します。後遺障害の等級認定において多く使われますが、初診遅れや治療の中断の際の治療費の支払いの可否等においても使われることがあります。

【レベル2】

このレベルはややテクニカルな領域に入ってきます。徐々に頭の中の「？？」が増えていきます。

・クロス

クロス払い、すなわち、双方が相手方に対し、過失責任割合に応じた損害額を各々支払うことによる解決方法を指します（⇔相殺払い）。なお、依頼者にとってクロス払いと相殺払いのいずれかが有利となる事案があるので注意を要します（Method 8参照）。

・メンセキガク（免責額）

保険金支払いにあたって、被保険者等が負担する金額です。双方に過失がある事故において、免責額のある車両保険が支払われた場合、相手方から支払いを受ける賠償金及び求償金は、免責額の方に優先充当することになります。

・カクオチ（格落ち）

評価損を指します。

修復歴が残ることにより「事故車扱い」として市場価格が下落することによる損害です。相応の車格の車両について、初度登録から一定の期間内に発生した事故の場合に評価損として認められることがあります。

・カウントジコ（カウント事故）

保険を使うことによって翌年以降の保険料率に影響を与える事故を指します。事故発生の際に対人・対物賠償保険、車両保険等を利用した場合に事故件数としてカウントされることで、翌年のノンフリート等級が下がるため、保険料が上がります。ただし、対人・対物賠償保険を利用した場合でも、自賠責保険の限度額内であればカウントされず、また、カウントを避けることができる特約も存在します。

・ガイボウシュウジョウ（外貌醜状）

被害者の顔面等に残った傷を指します。傷の部位や大きさによって後遺障害等級が認定されます。

・アジャスター

技術アジャスターと医療アジャスターの２種類があります。技術アジャスターの多くは、保険会社に所属していますが、中立的な立場で修理内容の査定等を行う専門家です。

・ウチョク（右・直）

交差点における事故類型の１つで、右折車と直進車との衝突事故を指します。

・ジンショウ（人傷）

人身傷害補償保険を指します。任意保険における特約の一種であり、被保険者が自動車事故で死傷した場合、過失割合にかかわらず、被保険者が被った損害につき約款規定の保険金が支払われます（Method 9参照）。

・ジュウロクジョウ（16条）

自賠法16条に基づく請求（いわゆる被害者請求）を指します。

被害者は、自賠責保険会社に対し、直接、自賠責保険金を支払うよう請求できます。

・キョウテイ（協定）

保険会社と修理工場の間で修理費等の金額を事実上合意することを指します。

・モラル

モラルリスク（不正請求）事案のことを指します。

【レベル3】

このレベルになるともはや暗号です。

・ジソンジベン（自損自弁）

当事者双方が自己の損害を自己で支弁することで、互いに相手方に対し損害賠償を請求せずに解決する方法を指します。過失割合に関する感情的対立などが存在する場合に行われる解決方法の１つであり、経済的には相殺処理を行うことと類似しますが、必ずしも実質的に対当額とはならないこともあります。

・カタバイ（片賠）

双方に損害が発生し、かつ過失相殺が妥当な事案で、当事者の一方から相手方に対して当該過失割合に従った賠償を行うものの、反対当事者に対する損害賠償を請求せずに解決する方法を指します。損害額の大小について双方に相当の差異があり、過失割合に関する感情的対立などが存在する場合に行われる解決方法の１つで、少額の賠償請求権を有する側がこれを放棄することで反対当事者の感情を宥める効果を期待して行われることが多いようです。

・ギャクトツ（逆突）

先行する車両が後退することで後方車両に衝突する事故形態を指します。追突の逆形態であることからこのように呼ばれています。

・ムセキ（無責）

保険金支払いの要件を満たさないことを指します。対義語は、有責（ユウセキ）です。

・タイブツチョウカ（対物超過）

対物超過修理費用特約を指します。修理費用が時価額を上回る場合でも、同特約により差額がてん補されることがあります。

・イッカツシャ（一括社）

一括払いをしてくれる相手方の任意保険会社を指します（Method 3参照）。

ちなみに、自賠責保険の取扱い会社は「ジバイシャ（自賠社）」、人身傷害補償保険会社は「ジンショウシャ（人傷社）」といいます。

・シャリョーセンコー（車両先行）

車両保険金先行払いのことを指します。

修理費用は示談交渉成立後に支払われますが、過失割合に争いがあるなどして示談交渉が進まない中で、車両の修理を先に進めてしまうことがあります。その際、加害者からの賠償に先行して、被害者自身が加入している車両保険を使用して修理費用を支払うのが車両保険金先行払いです。

車両保険金先行払いが行われると、被害者の保険会社は、先行払いした保険金の範囲で加害者に対する損害賠償請求権を代位取得（保険法25条）します。つまり、加害者からいくら回収できるかという点については、被害者はもはや当事者でなくなるわけです。「センコーシャリョーはシャリョーセンコーしてるんで、本人としては、過失割合は気にしないと思います」などという会話も、この用語と保険の仕組みを知っていれば問題なく理解できます。

ちなみに類義語として「ジンショーセンコー」があります。人身傷害補償保険金先行払いだということは、もうおわかりですよね。

・ジン（人）とブツ（物）

「ジン」は人身損害、「ブツ」とは物的損害を指します。もはや弁護士を「B」、検察官を「P」、裁判官を「J」と呼ぶように、その業界にどっぷりつからないとわからない領域に入っています。

近年、巷の若者言葉で「了解」のことを単に「り」と言うらしいですが、筆者はそれに近いものを感じます。「普通に『ジンソン』、『ブッソン』と言えばよいではないか」という突っ込みは無粋です。略語は文化ですので。

ワンポイントアドバイス

車のことも知っておこう

自動車に関する知識は、交通事故を扱う前提として当然に必要とされる知識の１つですが、若手弁護士には、普段ほとんど車を運転しないペーパードライバーの方も多いと聞きます。運転の経験が豊富な弁護士と、そうでない弁護士とでは、事故態様を把握し、推測するセンスにかなりの差異があると思われます。実際に運転してみなければ「経験則」を肌で感じることができないからです。

そんなペーパードライバー弁護士の方におすすめの一冊に、『2021年交通事故損害賠償必携（資料編）』（宮原守男編集代表、新日本法規、2020年）があります。同書は、損害査定担当者のマニュアル本としても利用されており、事故原因調査のチェックポイントから、自動車の種類、構造、走行に関する事項等の自動車に関する基礎知識まで、図解入りで非常にわかりやすく記載されています。また、「時速・秒速換算表」や「制動距離と制動時間一覧表」といった実用的な図表も掲載されています。

車を運転する機会がない方は、実際に車を運転する代わりに、車の基礎知識を頭の中に入れることで、足りない経験値をカバーしておきましょう。

Method
12 賠償医学

▸ 知らないことは聞いてみよう

――賠償医学は「医学」といっても、最終的には法律的な判断によって決定される分野である。そのため、弁護士にとっては避けることができない分野といえる。そこで、賠償医学に取り組む姿勢等について話したい。

「医学」となると腰が引けがち……

人身事故案件に対応していると、医学に関する知識が求められる場面に多々遭遇します。多くの場合、医学の素人である弁護士だけの力では解決が難しく、主治医に助言を求めたり、時には意見書の作成をお願いしたりするなど、医療関係者の協力を得ながら、案件に対応していくこととなります。依頼者の症状によっては、いかに主治医らから協力を得られるかによって、依頼者が得られる賠償額が大きく異なるケースもあります。

そこで、本Methodでは、主治医に協力をお願いする場合の注意点等に触れたいと思います。

「症状固定」、「労働能力喪失率」って、医師からすると……

まず、注意が必要なのは、医師ら医療関係者と弁護士とでは、患者（依頼者）の症状や治療に関するものの見方が異なるということです。医師は患者の症状を少しでもよくするという観点で行動するのに対し、弁護士は患者が負った損害をどのように金銭的に評価するかという観点で行動します。

この点について、交通事故によって負った傷病により３年間治療を継続しているＡさんを例に考えてみましょう。

賠償実務においては、例えばＡさんの症状は事故発生から１年後の時点ですでに症状固定していたと評価されますと、それ以後の２年間に行われた治療は原則として本件事故との間に相当因果関係が存しないと判断されます。また、休業損害も１年間分に限られ、その後の２年間については後遺障害逸失利益の問題として扱われます。傷害慰謝料についても、症状固定日までの通院期間等を基準に算定されます。このように賠償実務において、「症状固定」の時期は非常に重要です。しかし、この「症状固定」という概念はあくまで賠償実務におけるものであり、医療の現場では、Ａさんの傷病の根治と症状緩和を目指して治療が続けられます。そのため臨床の場面では、法律的な「症状固定」という概念により何かが決まるということはないといえます。

また、賠償実務においては、症状固定後にＡさんに後遺症が残ってしまった場合、Ａさんは、自賠責保険が定める基準に従って後遺障害等級の認定を受けることとなります。後遺障害等級の認定を受けるにあたり、Ａさんの医師に後遺障害診断書を作成いただくことになりますが、医師が自賠責保険の定める基準まで意識してこれを作成するケースは多くはないように思います。反対に、後遺障害診断書の記載が十分でなく、本来であれば認められるべき後遺障害が認められなかったというケースもあります。

さらに、Ａさんの労働能力喪失率や労働能力喪失期間といった後遺障害に関する事項は、裁判所が、医学的な見地からだけでなく、Ａさんに関する個別事情を踏まえて法律的な見地から判断するものです。この点については、医師の側でも一般的に理解が得られてきていますので、重篤なものは別として、医師の側で積極的に判断したり、意見を述べたりすることは少ないといえます。

これらの違いを理解せずに、医師や病院関係者に協力を仰いでも、話がかみ合わなかったり、場合によっては期待する協力が得られないこともあるので、注意する必要があります。

やっぱり医師は頼りになる存在！！

以上のとおり、症状固定等が法律的な判断であるとしても、裁判所や自賠責保険が、医学的知見を無視するということはあり得ず、医学的知見に従って判断していきます。

医学・医療については、多くの文献が出版されていますし、病院等によっては当該傷病や治療方法に関してインターネットで詳細に解説している所もあります。また『赤い本』下巻の講演録では、賠償医学に関するさまざまなテーマが、わかりやすく整理されています（Method 1参照）。

弁護士としては、事案に対応する都度これらを確認して、その傷病や治療の内容・特色についての理解を深めていくことが重要です。

そのうえで十分に理解できない点がある等の場合には、主治医に質問したり、協力をお願いすることが有効です。とりわけ、医学界・医療現場でさえ、議論が錯綜している傷病については、実際に治療をした医師の見解を踏まえなければ、解決が困難といえます。

ただし、医師は多忙な方がほとんどですし、目の前に急患がいれば診療を優先することになります。そのため、約束した時間どおりに面談ができないこともよくあることですので、面談開始時間が遅れることを前提に予定を組むとよいでしょう。

また、医師の中には、被害者側には面談料等を請求しなかったり、極めて低廉な金額で意見書を作成してくださる方もいらっしゃいます。一概にいうことはできませんが、このような場合でも、最低限のお礼をすると、今後の医師との関係（依頼者と医師の関係も含みます）を良好に保持することになるかもしれません。

体験談 1

臨床と賠償は違う！

弁護士４年目　男性

治療費の支払いを打ち切ると言ってきた！

今回受任した案件は、依頼者が自車を信号待ちで停車させていたところ、後ろから相手方車両に追突されたことにより、むち打ち症になったという案件でした。内容としては、事故態様、過失割合には争いがなく、相談者は事故発生の直後から病院に通っており、あまり問題は生じない案件だろうと考えていました。

依頼者は、病院ではいわゆる物理療法による治療を毎回受けていたのですが、事故発生から３か月、４か月と経過しても、首の状態はよくならず、なかなか軽快しないとのことでした。

そうこうしているうちに、事故発生から６か月程度経った頃、私の所に相手方代理人となった弁護士から電話がかかってきました。

何かと思って話をしてみると、一般的に症状固定の時期なので、これ以上の治療費は払えないとのことでした。

これに対して、私は、依頼者は現在も病院に通っており医師からも症状固定していないと告げられている、一般論ではなく個別の問題として対応すべきであるとして、まだ症状固定には至っていない旨を述べて、相手方代理人からの電話を切りました。他方で、今後の治療の見通しや治療費の支払い方法を確認するため、一度依頼者の通っている病院の主治医と面談することとしました。

患者が痛いと言っているので……

面談の際、私は主治医に「引き続き治療をする必要がある」旨の意見書を書いてほしいとお願いしたところ、なんと、断られてしまいました。

私は、現在も治療を継続しているのに、引き続き治療をする必要があるとの意見書が書けないとはどういうことだと驚いて、詳しく話を聞いてみました。すると、主治医は、「本件で、治療継続の必要性を医学的に証明することはできないので、そのような意見書は書けない」とのことでした。

私はなおも食い下がり、医師に対して「でも治療はしているのですよね？　今行っている治療は一体何ですか？」と医師に聞いてみたところ、主治医の回答は「本人が痛いと言う以上、医者は治療を拒絶するわけにはいかないんです」とのことでした。当時の私にとっては驚きでした。

主治医の説明をまとめますと、医者として患者が痛いと言っていたら（自覚的所見があれば）治療を継続する、本件はMRIやレントゲンの結果からは原因が読み取れず（他覚的所見がない）、自覚症状のみが存する事案である、相談者が痛みを訴え続けていることから治療を継続している、とのことでした。

医師の観点からは、患者から痛みの主訴があり、治療を施すと一時的であっても効果があれば、基本的に治療を継続します。他方で、弁護士の視点（賠償実務の視点）からは、治療を施しても一時的効果にすぎず、しばらく経つとまた痛みが戻るという状態になれば、症状固定となり、その後の治療費は否認されることになります。残存している痛みの症状は、後遺障害の問題として扱われることとなります。

今となっては、医師の治療に関する考え方や、むち打ち症の場合、

MRIやレントゲンで異常が発見されるのはまれである、ということは理解できますが、当時の私には驚くべき内容でした。

治療を継続すべきか、中止すべきか

依頼者は、まだ首の痛みや手の痺れは続いているし、主治医も治療を続けると言ってくれていることから治療を継続したい、と強く希望されました。一方で、相手方から治療費を支払ってもらえないのであれば、治療を終了させるのもやむを得ないと考えている様子でした。

被害者の代理人弁護士としては、どのくらいの期間が治療期間（症状固定までの期間）として相当と認められるかについて考えなくてはなりません。事案によっては、賠償実務の観点から適正な時期に症状固定を促すことも、必要なことであると考えます。

ただ、本件では、依頼者やそのご家族から、依頼者が日常生活においていかに辛そうであったかを聞いていましたし、前述した主治医との面談の際にも、「まだまだ改善が見込める」と告げられていました。また、車両の損傷具合（追突された相談者の車両は、バンパー部分の損傷にとどまらず、フレーム部分にまで損傷が及んでいました）から、依頼者が受けた衝撃は相当に大きいと考えられました。

私は、相手方代理人に連絡して、治療の改善効果が見込まれることを指摘し、治療費の支払いを継続するよう求めましたが、相手方の方針に変わりはありませんでした。そのため、私は、依頼者と協議し、健康保険を使って、治療を続けてもらうこととしました。

その後、依頼者は3か月程度治療を続けましたが、残念ながら、首の痛みや手の痺れが完全に消失することはありませんでした。そのため、私は、依頼者や主治医と相談して、症状固定に至ったとして、後遺障害等級の事前認定手続を行うこととしました。

事前認定手続を行ううえで、私は、医師と再度面談し、聴取した内容を報告書にまとめました。また、依頼者の陳述書を作成して、日常生活においていかに辛い思いをしているかを具体的に主張するとともに、損傷した相談者の車両の写真をもとに、いかに大きな衝撃が加わったかを強調しました。

これらの書面を添付した甲斐があってか、事前認定では、後遺障害等級14級９号が認められました。また、最終的には、当方が主張する症状固定日までの治療費や通院慰謝料が認められ、依頼者に満足のいく内容で解決することができました。

体験談２

主治医は身近な専門家

弁護士15年目　男性

後遺障害が認められるかどうか、何級が認定されるかによって、交通事故被害者の損害賠償額は大きく左右されます。もちろん、不幸にして交通事故に遭った被害者にとっては、怪我が完治して元の生活に戻ることが最善であることは間違いありません。しかし、残念ながら完治せずに「痛い」、「痺れる」、「動かない」などといった症状が残ってしまった場合には、代理人の方は、被害者がその症状に応じた適切な損害賠償を受けられるようにできる限りの活動をされていると思います。

とはいえ、後遺障害の等級認定は、被害者の主治医が作成する後遺障害診断書やカルテ・画像などの医療記録をもとに判断されるものであるため、医学的知識に乏しい私たち一般の弁護士にとっては取っ付きにくく、ややもすると損害保険料率算出機構（自賠責保険）の判断（事前認定）結果を鵜呑みにしてしまいがちです。

でも、自分でわからないことは専門家に聞いてしまえばよいのです。被害者には医学の専門家である主治医が付いているのですから、私は、患者の代理人としての立場を最大限に活用して、積極的に相談するように心がけています。

「14級は堅いですよ」

保険会社から紹介されて弁護士特約で受任したＡさんのエピソードをご紹介します。Ａさんは自動車運転中に追突されて、頸椎捻挫・腰椎捻挫などの傷害を負いました。治療中の休業損害が思いどおりに支払われないということが当初の相談内容で、相手方との交渉によって休業損害の支払いが受けられるようになり、そろそろ治療終了（症状固定）という段階になりました。

弁護士特約のある保険会社へ定期的な状況報告をした際、そろそろ症状固定になりそうだと伝えたところ、保険会社の担当者から「Ａさんの訴える症状の内容や、真面目に通院されている状況からみて、14級は堅いですよ」という意見をもらいました。経験豊富な保険会社の人身賠償担当者がそう言うのだから、きっとそうなのだろうと思いました。

Ａさんには、後遺障害診断書の用紙をお渡しして、主治医の先生に書いてもらってくださいとお願いしたところ、２週間ほどで返送されましたので、相手方の保険会社にこれを送って後遺障害の事前認定手続をとってもらいました。

ええっ？　非該当？！

約１か月半後、相手方の保険会社から「後遺障害等級事前認定票」が届きました。

さて、何級かな？　と封筒を開けてみたところ、予想に反して「非該当」でした。

認定理由にはこのように書いてありました。

「本件事故による骨折や脱臼等の明らかな外傷性の異常所見や神経の

圧迫所見は認められず、他覚的に神経系統の障害が証明されるものとは捉え難い」……（確かに骨折・脱臼はないし、画像上の神経圧迫もありません）、「○○整形外科からの平成○年○月分診断書上、『薬物・理学療法を施行し、症状は改善した』とされる症状経過」……（あれ？「症状は改善した」？　そんなこと聞いていません！）で、「自賠責保険における後遺障害には該当しないものと判断します」

なんとも素っ気ないものです。前段はよくある非該当の理由付けですが、後段の「症状は改善した」というのははじめて目にするものでしたし、何より、私はAさんからそんな話は全く聞いていませんでした。

さっそくAさんに電話をして、認定結果とその理由を伝えたところ、「今でも痛みが酷くて鎮痛剤を飲んで仕事をしているほどなのに、なんで認められないのですか？！」と、全く納得されません。

「14級は堅い」と言ってくれた担当者とも相談し、「症状は改善した」のかどうか、主治医に直接話を聞いて相談してみようということになりました。

「日本語は難しいね」

お医者様にもいろいろなタイプの方がいらして、弁護士が話を聞きたいというと身構えられる場合もありますが、Aさんの主治医の先生はとても協力的で親身に相談に乗っていただけました。まず、現在のAさんの賠償的な立場について説明したうえで、単刀直入に「症状は改善した」と診断書に記載された意味について尋ねました。

私「先生、この『症状は改善した』という記載の意味なのですが……」
主治医「あー、これは受傷直後より症状が改善したという意味ですよ」
私「えっ、受傷直後より？　そうすると治ったわけではないのですか？」
主治医「それはそうですよ。治っていたら後遺障害診断書は書けませんものね。いや～、日本語って難しいね。もしよければ、『頸椎捻挫・腰椎捻挫の症状の推移について』という用紙があるから、『改善したけど治ってない』ってわかるように書きましょうか？」
私「ありがとうございます！　是非、よろしくお願いします！！」
主治医の先生に作成していただいた「頸椎捻挫・腰椎捻挫の症状の推移について」という用紙を付けて、異議申立てしたところ、Ａさんは１か月ほどで「14級９号」の神経症状が認定されました。おそらく、代理人として「症状が改善した」という記載の意味を縷々主張しても認定は覆らなかったと思いますので、あらためて専門家である主治医の先生のご協力に感謝しました。ちなみに、専門家としての医師に意見書の作成などをお願いすると何十万円単位の費用がかかりますし、相談の謝礼でも何万円かをお包みするのが相場だと聞いていますが、今回は継続的に通院している患者の診察時間の中でお話をさせていただいたということで、通常の再診料と文書料だけでご相談させていただきました。

このような経験から、私は主治医の先生に相談することの有用性を実感して、わからないことは積極的に相談するようにしています。

また、主治医が診断書を記載するにあたって、表現を特に工夫しているケースもあるほか（確定的な診断ができない場合に「○○疑い」と表記されるなど）、診断書に記載のない特別な事情等がカルテに記載されている場合もあるので、訴訟になる前の段階でカルテを取り寄せることが有効なケースもあります。

ワンポイントアドバイス

医師に協力をお願いするうえでの注意点

最後に、医師と面談したり、協力をお願いする場合における、注意点や工夫等をいくつか述べたいと思います。

◎最低限の予習はしよう！

当たり前のことですが、医師との面談・相談にあたっては、依頼者が負った傷病に関する基本知識くらいは頭に入れておきましょう。関連する裁判例の動向を調査して、賠償実務上どのような医学的事項が問題となっているのかを把握して臨むことが好ましいでしょう。

◎面談時間後の予定に余裕を持たせよう！

前述したとおり、医師は多忙であるだけでなく、患者への対応等で約束した時間に面談をスタートできないことが多々あります。そのため、面談後のスケジュールには余裕を持たせておくことが安全といえます。

◎書面の作成をお願いする時は、ポイントを伝えよう！

医師に後遺障害診断書や意見書の作成をお願いする際、記載内容を医師に丸投げせずに、きちんとポイントを伝えることが重要です。

例えば、後遺障害診断書の作成をお願いする場合、医師は必ずしも自賠責保険の後遺障害等級の認定方法まで意識しているとは限りません。そのため、上記認定方法のポイントを伝えておくことが有用です。また、事前認定の結果に異議を申し立てる際の資料として意見書の作成をお願いする際は、事前認定の理由が記載された書面（「後遺障害等級のご案内」や「お支払不能のご通知」に添付された別紙）を示したうえ、意見がほしい部分（反論したい部分）を伝えておくことが重要です。

ただ、我々弁護士は医学の素人ですので、自らが考える「ポイント」に固執するのは適切ではありませんのでご注意を……。

◎訴訟における証人尋問等について

医師の中には、裁判所に出廷して証人尋問を受ける時間をとれない方や、証人尋問自体に抵抗を感じる方もそれなりにいらっしゃると思います。また、事案によっては、口頭で質問するよりも書面で質問した方が、わかりやすいというケースも多々あります（本音をいいますと、口頭で医学的なことを証言されても、その場では対応しきれないかも、という不安もあります)。そのような場合、書面尋問(民事訴訟法205条)による方法を検討するのもよいと思います。

書面尋問を行う場合には、原告(依頼者)の側から医師に書面尋問を行うことを伝えておくとスムーズです。その際、原告(依頼者)の質問事項についても、打合せしておけばより効果的な結果が得られるでしょう。

Method

13 休業損害

▸ 多様な生き方を立証する

——休業損害の難しさは、得られたであろう収入、すなわち、実際には得られなかった収入の証明を求められる点にある。それゆえ、弁護士の立証活動の巧拙が結論を左右することもある。

休業損害の基本的な算定方式

休業損害の賠償基準は、交通事故による受傷やその治療のために休業し、現実に喪失したと認められる得べかりし収入額とされています。休業損害は、次の式により算定されるのが一般的です。

休業損害＝１日当たりの基礎収入額×休業日数

ただし、治療が長期にわたる事例等において、治療に伴い身体機能が回復すると考え、一定期間ごとに損害額を漸減させていく計算方法が用いられることもあります。

基礎収入額の基本的な考え方

自賠責保険の１日当たりの基礎収入額は原則6,100円（令和２年３月以前に発生した事故の場合は5,700円）とされています。ただし、この金額を超えると認められる場合には、1万9,000円を限度として、その実額を基礎収入額として認めることになっています。

任意保険会社の基礎収入額の考え方は公表されていませんが、筆者の経験からすると、自賠責保険基準に準拠しつつ、実収入額を認定するという考え方に基づき、証明の程度により柔軟に対応しているのではないかと思われます。例えば、委任、請負、業務委託等労働契約以外の契約に基づく収入等があることは証明されていますが、1日当たりの基礎収入額や計算方法について争いが残るときに、6,100円という自賠責保険の上記基準を提案して双方妥協して解決するということがあります。

給与所得者

被害者が給与所得者である場合、被害者の勤務先等が源泉徴収票や休業損害証明書（訴訟の前後を問わず自賠責保険の書式を用いて証明することが多いです）の提出に協力してくれれば、基礎収入額について争いになることは少ないように思います。

会社役員、個人事業主等

一方、被害者が委任、請負、業務委託等労働契約以外の契約に基づく収入を得ている場合や個人事業主の場合、休業損害額をめぐる争いがしばしば起こります。

典型的論点ともいえるのが役員報酬（委任契約に基づく収入）です。特に交渉の初期段階では、休業損害はゼロだと主張されることも少なくありません。主な理由は、役員報酬は、企業経営者として受領する利益配当の性格を持つから、それが減額されていたとしても交通事故とは関係ない、というものです。

これに対し、被害者側は、減額された役員報酬の全部または一部は

「労務の対価」であると主張して争うのが一般的です。被害者側としては、報酬減額のみならず、これと加害行為との間の因果関係の双方を立証しなければならないことに注意を要します。

一般的に労務の対価部分の認定は、会社の規模・利益状況、当該役員の地位・職務内容、年齢、役員報酬の額、他の役員・従業員の職務内容と報酬・給料の額（親族役員と非親族役員の報酬額の差異）、事故後の当該役員・他の役員の報酬額の推移、類似法人の役員報酬の支払状況等を参考に判断するとされています。もっとも、基準となる役員報酬の○％という形で認定されることが多いようです。和解交渉においても、上記に関する資料をできるだけ共有したうえで、役員報酬中の労務対価部分を協議、決定することが本筋となります。賃金センサスの平均賃金を参照することもあります。どのような資料を用いて、狙いとする収入額を算定するか、どのように和解協議を進めるかといった交渉戦略を立てる必要があり、被害者側に立つ弁護士としては、腕のみせどころともいえます。

委任、請負、業務委託等労働契約以外の契約に基づく収入を得ている場合や個人事業主の場合は、交通事故前の収入額が一定でない例も少なくないので、どの期間のどの資料を基礎収入認定に用いるべきかが争われることがあります。なお、この類型では、減収を回避するために必要であるとして応援スタッフを雇い入れた場合、「代替労働力」の確保費用の賠償請求の可否が争点になることもあります。

家事従事者

現実に対価が支払われることがまれな家事労働に従事する者も休業損害を請求できることは最高裁判例もあり、今では異論のないところです。

家事従事者の基礎収入額は、女性労働者の平均賃金（賃金センサスの女性・学歴計の全年齢平均）を用いることが多いですが、高齢等のため体の機能が落ち込んでいた被害者等については、修正したり、異なる資料を参考に認定することもあります。パートタイマー等家庭外での労働による収入を得ている場合に、それをどのように考慮するのかも問題です。

なお、正社員やフルタイム勤務であって家庭外の収入が女性労働者の平均賃金額（賃金センサス）を上回る場合は、家庭外の収入を基準に休業損害を認定することになります。体験談1では、フルタイム勤務者の家事労働の評価に関する問題意識が紹介されています。

休業日数についての議論

現実に休業を余儀なくされた期間・日数について休業損害が認められますので、給与所得者等で休業損害証明書による現実の休業日数が明確となる場合には原則としてそれに沿って損害額が算定されます。しかし、自営業者や家事従事者の場合には第三者が休業を証明することが困難であるため争いになりやすいのです。1つの解決方法としては、治癒または症状固定までの入通院の日数をベースとして休業日数を考えることがあります。この場合の証拠としては診療報酬明細書等の入通院の履歴がわかる資料が重要です。ただし、通院した日がそのまま休業日数としてカウントされるとは限らず、治療期間の長短、傷害の態様、勤務内容によっては就業不能といえるかどうかが争われることがあります。

体験談１

主婦の休業損害

弁護士８年目　女性

パート勤務の女性からのご相談

私が、まだ交通事故事件を取り扱い始めて間もない頃に、パート勤務の女性Ａさんから受けたご相談の際、休業損害の算定方法について腑に落ちないなと感じたことがありましたので、その時のエピソードをご紹介します。

Ａさんは、当時30歳代の女性で、会社員のご主人と小学校３年生の娘さんとの３人家族でした。

Ａさんは、ある日の朝、小学校に遅れそうになった娘さんを自動車に乗せて小学校まで送り届けた帰り道に、信号待ちをしていたところ、後続の自動車に追突され、頸椎捻挫の傷害を負ってしまいました。

私は、相談にいらっしゃったＡさんから、加害者に対する損害賠償請求の交渉を受任しました。

兼業主婦（パート勤務）の休業損害

Ａさんからのご相談内容は、次のようなものでした。

「相手の任意保険会社からは、休業損害として、自賠責保険で支払われる金額と同額をお支払いしますと言って、『１日当たり5,700円（当時）×休業日数』を提示されたのですが、私は、実際ファミリーレストランのパートで、１日当たり6,000円の収入があったんです。だから、保険会社の計算には納得できなくて。先生、何とかしてください」

私は、Ａさんが加害者に対して請求する休業損害の額を算定するため、Ａさんから以下の情報を聞き取りました。

Ａさんは、大学卒業後すぐにご主人と結婚されて、ずっと専業主婦でしたが、娘さんが小学校に入学したのを機に、平日の午前９時から午後３時までの間の正味５時間、近所のファミリーレストランでパート勤務を始めたそうです。時給が1,200円で、１日当たりの収入は1,200円×５時間＝6,000円、１か月当たりの出勤日数は12日間で、月収は6,000円×12日＝７万2,000円とのことでした。そして、Ａさんは、事故後から症状固定までの６か月間、事故による頸椎捻挫の傷害のため、ファミリーレストランでのパートを休まざるを得ませんでした。

私は、Ａさんとの面談を終え、Ａさんがお帰りになった後、１人で具体的な損害額の計算をしました。

実務上、主婦（家事従事者）がパート勤務をしていた場合、パート勤務による現実収入と女子労働者の平均賃金のいずれか高い方を基礎として、休業損害が算定されることは当時の私も知っていました。

Ａさんの場合、パート勤務による現実収入は１日当たり6,000円であり、女子労働者全体の平均賃金（事故時である平成24年の賃金センサスにおける女子労働者全体の平均賃金）は年額354万7,200円、１日当たり9,718円ですので、後者を基礎として休業損害を算定することになりそうだと考えました。

フルタイム勤務で家事もしている私の休業損害は？

以上の休業損害の計算をしていて、私は、何かしっくりこない気持ちになりました。

確かに、判例（最三小判昭和50年７月８日交通民集８巻４号905頁〔29006131〕）がいうように、「妻の家事労働が財産上の利益を生ずるものであり、これを金銭的に評価することが不可能といえない」ということは否定しません。そして、専業主婦（家事従事者）であれば、女子労働者の平均賃金が休業損害と認められるのに対し、フルタイム勤務の女性の休業損害を算定する場合、その女性が家事を一手に担っていたとしても、休業損害として認められるのは欠勤のために喪失した実際の給与額のみで、それに家事労働分を加算することはできないのが現在の実務運用です。

しかし、私自身も、毎日平均して午前９時から午後７時まで勤務弁護士として仕事をした後に、急いで帰宅して、家事をしています。

もしも私が交通事故に遭って半年間働くことができなくなったとしたら、実際問題として、夫と中学生の息子の食事作り（息子の弁当作りもあります）、掃除、洗濯は誰がするのかと考えたときに、老齢の両親に頼ることもできませんので、夫の仕事にも影響が出そうです。

専業主婦あるいは兼業主婦（パート勤務）の方の家事労働だけが金銭的に評価されて、フルタイムで働く女性あるいは男性がこなしている家事労働については、損害賠償請求上考慮されない点には、フルタイムで勤務している女性の一人として寂しい気持ちがしています。

私の家事労働はどこにいってしまうのでしょうか。

Aさんの主婦力に脱帽

以上のとおり、私は、Ａさんの案件を処理するにあたり、実務における休業損害の考え方には腑に落ちない点がありましたが、当然のことながら、Ａさんご自身の損害賠償請求はきちんと対応させていただき、休業損害は、女子労働者の平均賃金を基準に賠償を受けることができました。

加害者との間の和解が成立した後、Ａさんが事務所に挨拶に来てくださいました。その時に、Ａさんは、「お口に合うかどうか、わからないのですが」と、手作りのクッキーをたくさん焼いて、持って来てくださいました。私は、依頼者から手作りの物をいただいたのは初めてでしたので、大変驚き、嬉しかったのを覚えています。

なんでも、小学校３年生の娘さんがお菓子作りに興味を持ち始めたということで、休日には娘さんと一緒にクッキーやロールケーキを焼いて、家族で召し上がっているそうです。

張り合うわけではありませんが、私はというと、インターネットで美味しいケーキ屋さんを検索して、買ってくる派です。自分自身についての休業損害の算定で、「家事労働分の加算を！」と叫ぶには、もう少し主婦力を磨く必要がありそうです。

体験談２

役員の休業損害

弁護士５年目　男性

株式会社の代表取締役からのご相談

私がこれまでご相談を受けた交通事故の被害者の方の中で一番多い職業は給与所得者ですが、やや珍しい例として、株式会社の代表取締役であるＡさんからご相談を受けたことがあります。

Ａさんからのご相談の中で、休業損害の算定方法が問題となりましたので、そのエピソードをご紹介します。

Ａさんは、３代続く酒屋さんである株式会社Ｂ酒店（以下「Ｂ酒店」といいます）の跡取りで、ご両親が引退された後、ご自身（代表取締役）と奥様（取締役）と男性従業員の３人で、お店を切り盛りされていました。Ｂ酒店の株主は、Ａさんお１人でした。

町の酒屋さんがどんどんコンビニエンスストアに形態を変える中、Ｂ酒店は昔ながらの酒屋さんでした。Ｂ酒店の売上の構成は、半分強が大口の飲食店への飲料等の配送販売で、残りの半分弱が店頭での飲料やギフト商品の販売でした。そして、前者の飲食店への飲料等の配送販売をＡさんと男性従業員が担当し、後者の店頭での飲料やギフト商品の販売を奥様が担当するというのがおおまかな役割分担でした。

このようなＢ酒店の代表取締役Ａさんは、休日に自動車を運転していたところ、加害者運転の自動車に衝突され、傷害を負った結果、３か月間Ｂ酒店の仕事が一切できなくなってしまいました。

Ａさんは、事故直前まで、月に60万円の役員報酬を受けていましたが、受傷により、これまで行ってきた得意先への営業活動と配送業務を一切行えなかった３か月間は、Ｂ酒店からこの役員報酬を受けることをストップしました。幸い、Ａさんご夫妻には蓄えがありましたので、生活費に困ることはありませんでした。

ＡさんがＢ酒店の仕事ができなかった３か月間は、それまでＡさんが行っていた業務のうち、得意先への営業活動はＡさんの奥様が行い、配送業務はアルバイトを１人雇うことで何とかＡさんの穴を埋めることができました。

そうした状況の中で、Ａさんが加害者に対して休業損害の請求をしたところ、加害者の任意保険会社からは、「役員には労働時間という概念がありませんから、役員であるＡさんには休業損害をお支払いすることはできません」と言われたそうです。Ａさんは、「怪我をして働けなくなった間は会社から一切報酬を受け取っていなかったのに、なぜ休業損害を支払ってもらえないのですか。もし、私の休業損害が支払われないのであれば、私の怪我によって会社の利益が減少した分は支払ってもらえるのですか」と、私のところへご相談にいらっしゃいました。

代表取締役Ａさんの休業損害

実務上、役員報酬の内容には、労務提供の対価としての性格を持つ部分と、そうでない利益配当の性格を持つ部分とがあり、後者については、傷害の結果、役員を解任される等の事情がなくその地位にとどまる限り原則として休業損害や逸失利益の問題は発生しないものと解され、前者についてのみ、休業損害・逸失利益の判断をすればよいと解されています。

Ａさんの場合は、Ｂ酒店において得意先への営業活動と配送業務を行っており、実際に労務を提供していたという事情を加害者の任意保険会社に説明した結果、最終的には、事故以前に実際に受け取っていた役員報酬額（月額60万円×12か月＝年額720万円）には及ばないものの、男子労働者全体の平均賃金（事故時である平成26年の賃金センサスにおける男子労働者全体の平均賃金）536万400円を基礎として算定した休業損害の支払いを受けることができました。

B酒店の利益が減少した分も請求できる?

Ａさんが加害者に対して損害賠償を請求するのとは別に、Ｂ酒店から加害者に対しても損害賠償を請求できないかについても、初回の法律相談の時点でＡさんご夫妻から相談されました。

Ｂ酒店は、Ａさんが受傷により業務を行えなかった影響で、合計300万円の利益の減少があるとのご説明でした。

私としては、Ｂ酒店はＡさんがお父さんから後を継いだ会社で、Ａさん以外の役員は奥様しかおらず、従業員も１人だけだったので、Ｂ酒店の利益減少分もＡさんの受傷と相当因果関係がありそうだという考えでした。そこで、加害者と交渉すれば損害額の支払いを受けられるだろうと思い、「わかりました。Ｂ酒店の加害者に対する損害賠償請求もお引き受けします」と言ってしまいました。

しかし、後になって、「どうしてあの時、すぐに受任してしまったのだろう」と後悔することになりました。

どうしてかというと、その後、判例を読み返してみると、企業損害（企業の取締役・従業員等が交通事故によって死傷した場合に企業に生ずる収益減少等の損害）を損害として認めるか否かについては、かなり限定的にしか認められていないことがわかり、実際に、私がＢ酒店の代理人として加害者と交渉した結果、Ｂ酒店の利益の減少分については一切支払いが受けられなかったからです。ちなみに、会社の加害者に対する損害賠償請求を認めた判例（最二小判昭和43年11月15日民集22巻12号2614頁〔27000895〕）は、その理由を、「被上告会社は法人とは名ばかりの、俗にいう個人会社であり、その実権は従前同様Ａ個人に集中して、同人には被上告会社の機関としての代替性がなく、経済的に同人と被上告会社とは一体をなす関係にあるものと認められる」としています。

安請け合いは禁物

私が、Ａさん及びＢ酒店に関する件で学んだことは、判例の知識の他には、「安請け合いは禁物」ということです。

依頼者の主張が通るかどうかということについては、当たり前ですが、その場の感覚や思い込みで、「いけると思いますよ」と言ってはいけないと再認識しました。私は、Ａさんご夫妻がＢ酒店の利益の減少分を請求したいとおっしゃった時に、「損害額の支払いを受けられると思いますよ」と明言はしませんでしたが、何の留保もせずに即座に「お引き受けします」と言ったことで、Ａさんご夫妻は、Ｂ酒店の請求も認められるだろうと期待されたはずです。

今後は、休業損害の関係では、特に、企業損害の賠償は、安請け合いしないよう心がけたいと思います。

ワンポイントアドバイス

休業損害の説明に工夫を

家事従事者や会社役員が被害者である場合、休業損害が争点になることが多く、被害者側にとってその立証は必ずしも容易ではありません。依頼者の希望どおりに休業損害が認められるとは限らず、その場合でも依頼者との関係をこじらせないよう工夫が求められます。

例えば、筆者の場合、「第三者からの請求書や領収書で証明するのが積極損害で、そういったものがなく証明に工夫が必要となるのが消極損害ですよ」などと説明するようにしています。なぜこのような説明をするかというと、争われている権利の実現には「証明」が必要になる、その「証明」に成功しない場合は有利な結果を得ることができない、というルールをなるべく早い段階で依頼者と共有する必要があると考えているからです。我々はこのルールを弁論主義、証明責任と呼んでいますが、少なくとも交通事故事件の依頼者にこんな言葉は使わず、「『論より証拠』ということわざがありますよね。裁判はもちろん交渉も同じです」と言います。

そうすると、大抵の場合、「じゃあどんな証拠が必要になるのですか」と一段上の具体的な議論が始まります。そこで、「領収書がある費用についてはわりと簡単ですよね。領収書がない費用は難しいということがわかっていただけると思います。この点、サラリーマンの場合は源泉徴収票、休業損害証明書を使うのですが……」などと『赤い本』の議論を具体的にかみ砕いてお伝えして、依頼者にとって有益な立証手段を説明します。とにかくあなたの希望を実現するには「証明」が必要です、簡単ではありませんが一緒に考えていきましょう、という姿勢をアピールしましょう。

Method

14 逸失利益

▸ その公式、大丈夫？

——自賠責の後遺障害の等級が認定された……当然、後遺症逸失利益も定式どおりに請求できる……と安易に考えていないか？

交通事故によって負った傷害が完治せず、不幸にも後遺症が残ってしまった場合、通常、被害者は、後遺症慰謝料や後遺症逸失利益を加害者に請求することになります（重篤な後遺症の場合は、将来付添費、将来治療費等の請求も検討することになります）。

本Methodでは、後遺症逸失利益にポイントを絞って、考えていきたいと思います。

後遺症逸失利益＝基礎収入×労働能力喪失率×労働能力喪失期間に対するライプニッツ係数

上記の計算式により後遺症逸失利益を算定することは、ご承知のとおりです。ただ、読者の皆様の中には、後遺障害の等級認定を得ていれば、赤い本の後遺障害別等級表・労働能力喪失率の表（以下「等級表」といいます）に掲載されている労働能力喪失率は当然に認められる、労働能力喪失期間は症状固定日から67歳まで当然に認められると思っている方もいらっしゃるのではないでしょうか。

しかし、後遺症の中には逸失利益自体が認められにくいものもあれば、後遺症の内容・程度によっては、等級表に定められたものとは異なる労働能力喪失率が認められる場合もあります。また、労働能力喪失期間が67歳まで認められにくいものもあります。

労働能力喪失率って……

労働能力喪失率は、後遺症によって失われた労働能力の程度をいいます。ごく簡単にいえば、事故前に100％の力で仕事ができていたのに、後遺症の影響により80％の力でしか仕事ができなくなった、そのため20％の力が失われたという事案においては、この20％が労働能力喪失率ということになります。

等級表をみますと、後遺障害等級１～３級は労働能力喪失率100％、４級は92％、５級は79％、……13級は９％、14級は５％と定められています。そのため、後遺障害等級さえ認定されれば、別表に定められた当該等級の労働能力喪失率も当然に認められる、またはこれと異なる労働能力喪失率は認められないと、機械的に考えがちです。

しかし、後遺症の中には、必ずしも労働能力が喪失するとはいえないものもあるのではないでしょうか。また、被害者の職業等によっては、等級表に定められているよりも高い労働能力喪失率が認められてよいものもあるのではないでしょうか。

裁判所は、等級表に定められた労働能力喪失率はあくまで「参考」として、被害者の職業、年齢、性別、後遺症の部位・程度、事故前後の稼働状況、所得の変動等を考慮して判断するとしています。

歯が折れた！！！　鎖骨が変形した！！！

交通事故で前歯７本を折ってしまったという場合（歯牙障害）、等級表では「7歯以上に歯科補綴を加えたもの」として12級3号にあたると定められています。また、交通事故により鎖骨が変形してしまった場合（鎖骨変形障害）は「鎖骨、胸骨、ろく骨、けんこう骨又は骨盤骨に著しい変形を残すもの」として12級5号にあたると定められています。そして、12級の労働能力喪失率は14％と定められています。

しかし、例えば、デスクワークに従事する人の場合、折れた7歯にきちんと歯科補綴が加えられたとして、また、鎖骨が変形したことだけをもって、労働能力にはどのような影響が生じるでしょうか。

前者では、スポーツ選手や肉体労働的側面の強い職種は別として、一般的には、労働能力に直接影響を与えることはほとんどないのではないでしょうか。後者では、モデルのような容姿が重要な要素になる職業は別として、ほとんどの職業では労働能力に影響はないのではないでしょうか。

実際、歯牙障害だけ、鎖骨変形障害だけで労働能力の喪失が認められること（後遺症逸失利益が認められること）はまれなようです（これらが後遺症慰謝料の増額事由として斟酌されることは、それなりにあるようです）。

等級表と異なる労働能力喪失率も認められる！！！

前述したとおり、裁判所は、等級表に定められた労働能力喪失率を「参考」としつつ、被害者の職業、年齢、性別、後遺症の部位・程度、事故前後の稼働状況、所得の変動等を考慮して、労働能力喪失率を判断しており、『赤い本』等多くの文献では、等級表よりも高い労働能力喪失率が認定された裁判例が複数挙げられています。

ただし、等級表より高い労働能力喪失率が認められるためには、被害者側が労働能力喪失率に関する立証を詳細に行う必要があるようです。

労働能力喪失期間とは……

労働能力喪失期間とは、後遺症により労働能力の一部または全部が失われる期間をいい、その始期は症状固定時、終期は原則67歳とされています。

ただし、未就労者について始期を18歳（大学卒業を前提とする場合は大学卒業時）に修正することがあります。また、症状固定時の年齢が67歳を超える者や症状固定時から67歳までの年数が簡易生命表（厚生労働省が作成したもので、年齢ごとの平均寿命等が算定されたもの。『赤い本』の末尾にも抜粋があります）の平均余命の２分の１より短くなる者については、平均余命の２分の１に相当する期間を労働能力喪失期間とすることがあります。

67歳を労働能力喪失期間の終期とするのは、あくまで原則的な扱いであって、被害者の職業、地位、健康状態、能力等により、例外的な扱いをされることもあります。また、事案によっては、期間に応じた喪失率の逓減を認めるものもあります（例えば、最初の10年の労働能力喪失率を14％、以後のそれを５％とする、というもの）。

えっ、５年、10年しか認められないの……

読者の皆様に注意いただきたいのは、むち打ち症の扱いです。むち打ち症が後遺症として認められる場合、12級13号「局部に頑固な神経症状を残すもの」または14級９号「局部に神経症状を残すもの」のいずれかに該当することになります。

しかし、むち打ち症の場合、症状の消退の蓋然性や被害者側の就労における慣れ等を考慮し、労働能力喪失期間を、12級に該当するものであれば10年、14級に該当するものであれば５年とする事案が多く見受けられます。

『赤い本』には、むち打ち症の場合であっても、上記５年または10年を超える労働能力喪失期間を認めた裁判例が複数記載されています。ただし、労働能力喪失率の認定の場合と同様、5年ないし10年を超える労働能力喪失期間が認められるためのハードルも相応に高く、上記の裁判例においても、被害者側が労働能力喪失期間に関する立証を詳細に行われた事情がうかがわれます。

体験談1

等級どおりの喪失率が認められない!?

弁護士4年目　男性

腰椎圧迫骨折の後遺症事例

ある日、自動車を運転中に加害者車両に追突され、後遺症を負ったという方の相談を受けました。後遺障害診断書をみると、「腰椎圧迫骨折」との診断がなされていました。また、自賠責保険の事前認定においても「脊柱に変形を残すもの」として後遺障害等級11級7号の認定を受けていました。

それにもかかわらず、相手方との交渉では逸失利益の金額に争いが生じているというのです。私はその趣旨がわからず、よくよく話を聞いてみると、相手方は「11級に該当する20%の労働能力の喪失が生じていない」と言っているとのことでした。つまり、「軽微な変形にすぎないから実生活には全く支障がなく、逸失利益はないに等しい」という主張のようです。裁判例をあたってみたところ、確かに同趣旨の判断をしたものも散見されました。裁判の場合には、等級表による支払基準に拘束されず、個別具体的に労働能力喪失率を認定することができるため、等級表記載の労働能力喪失率よりも大きな割合が認められることもあれば、他方で、より小さな割合しか認められないものも見受けられました。

しかし、相談者の話を聞けば聞くほど、腰部痛によって業務内容の変更を余儀なくされるなど実際に仕事への影響が出ていることがわかりました。すなわち、事故前には、トラック運転手として荷物の配送、積み降ろし、仕分けなどのいわゆる肉体労働の業務に従事していたのに対し、腰の慢性的な痛みによってそれらの業務を行うことができなくなってしまったというのです。依頼者は30代の男性でしたので、この事故さえなければ引き続き同じ業務を継続するはずでしたが、事故後は仕事がままならなくなり、配転によって内勤の業務を行うようになってしまいました。

そこで、当方は、相手方との交渉が決裂した後、訴訟を提起し、労働能力喪失率が等級表どおり20％であることを主張して逸失利益を請求しました。訴訟活動においては、上記事情を詳細に記した陳述書等により相談者の実情を丁寧に立証することに努めました。その結果、裁判所から当方の主張に沿った内容の和解案を提示してもらうことができ、ほぼ相談者の希望どおりの解決となりました。

外貌醜状の後遺症事例

また別のある日、今度は交通事故によって頭部にキズが残ってしまった方から相談を受けました。保険会社で営業担当している40代の男性です。右前頭部に残ったキズは大きく、自賠責保険の事前認定では「外貌に醜状を残すもの」として後遺障害等級12級14号の認定を受けていました。等級表では喪失率14％と定められています。

しかし、相手方との示談交渉で提示された逸失利益は０円でした。「身体の機能が損なわれたわけではないから、労働能力は全く喪失されていない」という主張です。

納得のいかない依頼者は訴訟を提起することとし、労働能力喪失率14％を主張して逸失利益を請求しました。その後、営業成績が事故前に比べて上がらなくなったこと等を主張・立証しましたが、裁判所から示された和解案では残念ながら労働能力喪失が認められませんでした。裁判所に理由を尋ねたところ、営業成績が悪化したこと自体は証拠上認められるものの、後遺症の内容（右前頭部のキズ）と営業成績の悪化との間に因果関係を認めることが難しいと判断したとのことでした。もっとも、その代わりに当該事情を斟酌して後遺症慰謝料を増額する旨の判断がなされました。本人尋問前の和解案提示でしたので、人証申請をして因果関係の立証を補充しようとも考えましたが、依頼者と協議した結果、早期の解決を図るために上記和解案を受け入れることとしました。

労働能力喪失の主張・立証は丁寧に

このように、前者では等級表どおりの労働能力喪失率が認められ、後者では逸失利益は否定されたものの後遺症慰謝料の増額を認めてもらうことができました。これらの裁判では、因果関係の有無、すなわち後遺症に「よって」労働能力が喪失したといえるか否かという点で裁判所の判断が分かれました。前者は「肉体労働者の腰痛」という因果関係を比較的認めやすいケースであったのに対して、後者は「営業担当者の頭部のキズ」という労働能力喪失への直接の影響を認めることが難しかったケースであり、結果としてそれが認められませんでした。もっとも、後者においても、「キズ」による業務への影響を丁寧に立証しようとしたからこそ、和解案において慰謝料の増額が認められたのだと考えています。

労働能力の喪失について当事者の実情を踏まえた丁寧な主張・立証が求められることがあることを、相談を受けた当初から意識しておくことが大事だと思います。

体験談 2

むち打ち症の落とし穴

弁護士 4 年目　男性

突然受任することになった交通事故

弁護士登録をして半年が過ぎた頃、今年で30歳になる従兄から、4 か月前に遭った交通事故の件で連絡を受けました。

話を聞いてみると、従兄が赤信号で停車をしていたところ、後方から来た車に追突され、首が痛いので病院に通っているとのことでした。また、従兄はすでに相手方の代理人弁護士から連絡を受けており、医療調査に関する同意書も提出しているとのことでした。今後の示談交渉に不安があるので、私に代理人に就任してほしいとのことでしたので、私は受任することとしました。

従兄は、その後、2 か月間治療を継続した後、主治医より症状が固定したとの診断を受けました。そこで、私は、主治医に後遺障害診断書を作成してもらい、後遺障害等級の事前認定の手続を行いました。

そうしたところ、思いの外すんなりと14級 9 号「局部に神経症状を残すもの」との事前認定を受けることができました。

後遺症が残ったから請求だ！　と意気込んだものの……

さて、後遺障害の認定を受けたので、続いて、損害賠償を求めることになりますが……当時の私は、「症状固定時の30歳から67歳までの37年間の労働能力が喪失されるはずだ」と考え、労働能力喪失期間を37年間として後遺症逸失利益を算定したうえ、後遺症慰謝料等ともに相手方に請求することとしました。

私が、相手方の代理人に対して、電話で大まかな請求内容を伝えると、代理人は、「14級９号の場合には、労働能力喪失期間は５年間ですね」と回答しました。私は、上記代理人の言った意味がわからず、「私の知識が足りていないことをいいことに、低廉な金額での和解をしようとしているのではないか？」と感じて疑心暗鬼になり、いったん電話を切りました。

その後、私は不安になり『赤い本』などで調査したところ、むち打ち症の場合、14級に該当するものであれば、労働能力喪失期間を５年とする事案が多いとのことでした。また、『赤い本』には、５年以上の労働能力喪失期間を認めた裁判例や、むち打ち症の他にも後遺症が存在していた裁判例についての記載がありました。

そこで、私は、今更ながら、従兄から後遺症の症状、仕事の内容、仕事上どのような時に、どのような痛みで、どのような支障が生じるのかといった事項について、詳しく事情を聞いてみることにしました。

従兄から話を聞いてみたものの……

従兄の話を聞いてみたところ、従兄に残った後遺症はいずれも「むち打ち症」の症状と説明できるもので、14級９号「局部に神経症状を残すもの」以外の後遺障害が認定されるのは困難なものでした。

また、従兄の仕事は料理店のウエイターであり、後遺症により飲食物を持ち運ぶ時に痛みを感じるが、大きな支障までは生じていないとのことでした。

私は、この事案で５年を超える労働能力喪失期間を主張することは難しいと考え、従兄にその旨説明したところ、従兄も納得してくれました。その後、私は、労働能力喪失期間を５年間として後遺症逸失利益を算定したうえで後遺症慰謝料等とともに相手方代理人に請求し、無事示談で解決することができました。

本案件以降、私は、後遺症の内容だけでなく、被害者の職業、地位、健康状態、能力等をきちんと聞き取って、適切な後遺症逸失利益を請求することを心がけるようにしています。

体験談 3

自賠責と労災で異なるって……

弁護士 5 年目　男性

後遺症による逸失利益の算定とは、若干趣を異にしますが、自賠責と労災で異なる等級認定を受けた体験について、述べたいと思います。

運送会社の作業員をしていた方が、会社のライトバンで現場に向かう途中に交通事故に遭い、後遺症が残る重傷を負ったという事案で相談に来られました。

高速道路上の衝突事故で、同乗者で亡くなった方もいた重大事故でした。依頼者も、胸骨を複数箇所骨折したほか、頸椎にも損傷を受けて、3か月近く入院していたとのことでした。

依頼者は、退院後、日常生活は単身でできる程度までは回復したものの、手足や腰に痺れや痛みが残り、従来の仕事への復帰は不可能な状態になりました。

業務中の事故だったので、労災から支給を受けることには支障がなかったのですが、休業補償のうち労災で支払われない部分や慰謝料などは、相手方に対して請求することになりました。

自賠責と労災の後遺障害等級認定

保険会社を通して、自賠責の後遺障害等級認定で11級 7 号（脊柱に変形を残すもの）に認定されたという通知が届きました。

11級の労働能力喪失率は20％とされていますが、依頼者は、以前の仕事は全くできない状態になっていて20％どころではないという意識が強く、認定に納得がいかないようでした。

それからしばらくして、労災での後遺障害等級認定が９級の７の２（通常の労務に服することはできるが、脊髄損傷のため、就労可能な職種の程度が相当程度に制限されるもの）となったという連絡がありました。この場合の労働能力喪失率は35％とされています。

私は、自賠責保険における後遺障害の等級認定は、労災保険における障害の等級認定の基準に準じて行うものとされているのに（平成13年金融庁・国土交通省告示第１号）、両者で結論が違うことには違和感がありました。しかし、自賠責と労災では認定をする機関が異なり、相互に連携をとるような仕組みにもなっていないので、結論が違うことも当然に起こるのでしょう。また、労災は労働者保護の観点から、比較的高い等級での認定がされる傾向があるという話も聞きました。

とはいえ、保険会社は、自賠責の認定を基準に保険金額を決めるというので、このままでは低い金額で話が進んでしまうことが予想されました。

等級認定自体もさることながら、それと対応した労働能力喪失率は逸失利益の算定に使われるので、この差は重大です。９級と11級では15％もの差があり、受け取ることができる賠償額に大きな違いが出てしまいます。

そこで、自賠責の認定を覆す必要があると考え、自賠責に異議申立てをすることにしました。

異議申立て

相手方保険会社の担当者に、異議申立てをする旨を伝え、必要な書式等の提供を受けて、異議申立書を提出しました。

こちらの主張を支える最も強い柱と考えていたのは、(上記のような制度間の違いはありつつも)「労災では9級の認定が出ている」という点だったので、依頼者から労働局に、個人情報開示請求で労災の後遺障害等級認定に関する書類(障害認定調査復命書)を取得してもらいました(事前に労働局に電話して事情を説明すると、開示請求書の記入内容まで具体的に教えてもらうことができ、開示はとてもスムーズでした)。

復命書をみると、MRI画像から読み取れる圧迫骨折痕や医師への聞き取り結果等に基づいて、11〜14級に相当する複数の後遺障害を認定し、それらを併合評価して9級の認定に至った過程が具体的に示されていたので、よい材料になると思いました。

一般財団法人労災サポートセンターから刊行されている『労災補償　障害認定必携』には、復命書に書かれているような、症状や部位ごとの判定基準が具体的に記載されているので、大変有益でした。『労災補償　障害認定必携』も参照しながら、相談者の症状が9級に相当することを説明する異議申立書を作成しました。

異議申立ての結果

保険会社の担当者から、異議申立ての審査は1か月程度で終わると聞かされていたのですが、意外に時間がかかり、3か月弱が経過してから回答がありました。結論としては、11級の認定を10級に変更するというものでした。

依頼者と相談した結果、これ以上等級を争う材料もないことから、10級の認定を受け入れて、これを前提に、相手方と逸失利益や慰謝料の交渉を行うことにしました。

相手方保険会社の方は、自賠責の等級認定を尊重するということだったので、その後の話は比較的スムーズに進みました。

自賠責と労災の障害等級認定はそもそも違う制度であることを認識したうえで、その違いを踏まえつつ、適切な認定が得られるよう、より有利な認定を受けられた理由に関する資料を集め、参考にするなどの姿勢が重要だと思います。

ワンポイントアドバイス

まずは後遺症で問題となる傷病・症状を理解しよう！！

以上のとおり、後遺症による逸失利益は機械的に算定されるものではなく、被害者が負った後遺症の内容・程度により、異なるものであることはご理解いただけたと思います。

『赤い本』（下巻の講演録を含みます）、『リーガル・プログレッシブ・シリーズ５　交通損害関係訴訟〔補訂版〕』（佐久間邦夫＝八木一洋編、青林書院、2013年。東京地方裁判所の交通部の裁判官が執筆した書籍）その他多くの書籍では、問題となる傷病名がわかりやすく整理されていますので、実際に相談を受ける場面では、必ず確認することをおすすめします。

併存する後遺障害にも目を向けよう！！

被害者の代理人としては、前述した鎖骨変形、歯牙損傷といった後遺障害をみて、労働能力喪失による逸失利益まで請求することはできないと即断してはいけません。併発している後遺障害が問題とされていない（ないしは事前認定で否定されている）ケースも多々見受けられるからです。

前述した鎖骨変形の後遺障害を例に述べますと、鎖骨変形とともに肩関節に可動域制限が生じたり、肩・腕にかけての神経症状が併発していることもあります。このようなケースで、後遺障害等級の事前認定を受けたり被害者請求を行う場合には、鎖骨変形はもちろんのこと（誤解をおそれずに言いますと、変形障害はレントゲン等で容易に立証できます）、可動域制限や神経症状に関する資料を揃えることにも注力する必要があります。

歯牙損傷のケースでは咀嚼・言語機能の障害といった他の後遺症が残ることもあります。

以上のような併発する後遺症が存在する場合には、これに基づく労働能力の喪失を主張することができます。そのため、被害者の代理人としては、他の後遺症の有無・程度にもきちんと目を向け、これが事前認定等で認められていない場合には、主治医らの協力を得たうえで資料を揃えて異議を申し立てる等して、積極的に対応することが必要です。

最後に

後遺症を理解するためには、一定の医学的知識が要求されます。しかし、弁護士は医師ではありませんし、実際の事件を処理するうえで、医療の専門家並の知識を要求されることは、ほとんどないと思います。

体験談でも触れられているように、一般財団法人労災サポートセンターから刊行されている『労災補償　障害認定必携』などを参考に、少しずつ理解していく姿勢が重要です。侮らず、また臆することなく積極的に後遺症に関する問題に取り組んでください。

Method

15 物損①（車両損害）

▸ モノの値段の決まり方

――物損事故は少額であっても専門性が高い。弁護士としては、物損に関する専門的知見を持ったアジャスターと協力し合って事案の適正な解決を目指すべし。

物損事故解決の実務的キーパーソン

交通事故の大半は物損事故です。車両同士が接触・衝突した場合、搭乗者に怪我がなくても車両は損傷するのが通常です。そのため、人身事故と比較すると遙かに多数の物損事故が、毎日大量に発生しています。では、そのように大量に発生する物損事故は、誰がどのようにして解決しているのでしょうか。

ここで主に解決の役割を担っているのは「アジャスター」です。「アジャスター」とは、一般社団法人日本損害保険協会に登録された資格保有者で、その多くは損害保険会社に所属しています。自動車の構造や機能、修理技術や事故原因調査等のために必要な機械工学などに関する知識をもとに、保険会社の適正な保険金支払いのため、事故の原因や修理費等の損害額の調査、示談交渉などを行います（示談交渉について日本弁護士連合会と協定が締結されています）。

協定とは

さて、物損事故の損害賠償に関する協議は、当事者である車両運転者と所有者との間で行われるのが法律上の建付です。しかし、交通事故の当事者は自動車に関する特別な知識を持たないことが通常ですので、当事者同士で損害額を決めることはほとんど不可能です。損傷を受けた車両の所有者は、修理工場に修理を依頼すれば、専門知識を持った修理工場によって損害額の算定資料を得ることが可能ですが、反対当事者は修理工場の見解に対する批判能力を持たず、そのままでは言いなりになってしまいます。そこで、このような双方の力の差を埋めて適正な賠償額を決めるため、この反対当事者が契約する保険会社のアジャスターが登場します。

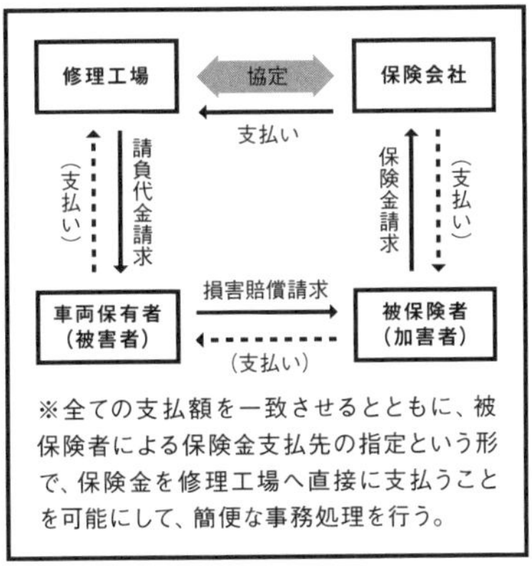

物損事故が発生すると、保険会社では、契約者からの事故報告を受けて損害確認を行います。経済的・技術的に修復可能な損傷の場合、修理工場と修理費用について交渉を行い、交渉が成立すれば「協定」をします。この「協定」は、法律的な行為というよりも、後に保険会社として当該修理費用として支払可能な保険金額を合意するという事実的な行為と理解するのが一般的です。すなわち、本来であれば、修理工場と車両所有者の間には修理請負契約が締結され、同契約に基づいて修理工場から車両所有者に対して修理費用が請求・支払われ、同修理費用が車両所有者から反対当事者に対して損害賠償請求されます。損害賠償請求を受けた当事者は、契約する保険会社へ対物保険金支払いを請求し、保険会社が適正だと認めた金額（若しくは訴訟等によって支払いが命じられた金額）について保険金が支払われます。この修理請負代金と対物保険金の金額にそごが生じないよう、事前に交渉・合

意する行為が「協定」です。もしも、「協定」が成立しないまま修理工場に対して修理請負代金が支払われてしまった場合、保険金額との差額について、当事者のいずれかが負担を余儀なくされる危険が生じます。「協定」はそのような危険をあらかじめ回避し、物損事故の円滑な解決を図る機能があります。

体験談 1

修理費は誰が決めるもの？

弁護士３年目　男性

車の修理費は誰が決めるのでしょうか？　修理をするディーラーや修理工場の人でしょうか。それとも保険会社でしょうか。加害者は、あるいは被害者は何も言えないのでしょうか。修理費が争いとなり、裁判になって受任した事案をご紹介したいと思います。

高級車にぶつけてしまい……

Ａさんは駐車場内で駐車スペースを探していました。ようやく１か所だけ空いたスペースをみつけ、駐車しようとしたのですが、駐車場は混んでいて、別の車も同じスペースへの駐車を狙っていた様子でした。そこで、先に駐車しようと気持ちが焦ってしまったのか、Ａさんは駐車の際に目測を誤り、隣に駐車していたＢさんの車に接触してしまったのでした。少しぶつかっただけで大したことはないと思いましたが、あまり車に詳しくないＡさんの目からみてもＢさんの車はいわゆる「高級車」だったことから、やってしまった……と違う焦りが出てきました。

別事故が混在している？

もっとも、Ａさんは任意保険に加入していましたので、事故を報告し、この事故の件についても保険会社の担当者が対応にあたることとなりました。

Ａさんの一方的な過失による事故ですので、損害額が主な争点でした。Ｂさんも保険に入っていましたが、無過失なので対物示談代行は利用できず、車両保険は保険料が上がるため使用しませんでした。事故後、Ａさんの保険会社の担当者がＢさんと電話で話をし、後日、Ａさんの保険会社のアジャスターが、Ｂさんの車が入庫する修理工場でＢさんの車の損害を確認することとなりました。立会いをしたアジャスターからは、「別事故による損傷が混在しています」という報告がありました。報告を受け、Ａさんの保険会社は、アジャスターによる認定見積書を作成することとなりました。

ドア交換するの？

Ａさんの保険会社は、準備していた認定見積書と写真をＢさんに送付しました。Ａさん側としては、Ｂさんの車のドア部分に生じた損傷が今回の事故によって生じた損傷で、これと隣接するフェンダ部分の損傷は別の機会に発生したものだと考えていました。しかし、Ｂさんは、「別事故による損傷が混在している」という理由で限定された範囲、内容で修理費を認定している保険会社作成の見積書は不満で、全て本件事故によって生じた損傷だと主張し、その後、Ｂさんには弁護士特約を利用して弁護士が付くこととなりました。しばらくして、Ｂさんの車が入庫した修理工場からの見積書が、Ｂさんの代理人弁護士を通じてＡさんの保険会社に送られてきました。この見積書は、別事故による損傷と考えられるフェンダ部分の作業項目を含む内容であったうえ、ドアの交換を行う内容でした。アジャスターは、今回の事故によって生じたＢさんの車の損傷箇所についてはドア部分のみであり、また、板金修正、塗装による修理が相当であるとの意見でしたので、Ａさん（の保険会社）としては到底応じることができない内容でした。結局、話は平行線を辿り、Ｂさんの車の修理費について、Ａさんの保険会社とＢさんの修理工場との間で協定できず、Ｂさんは、未修理のまま修理工場が作成した見積書に基づいて、Ａさんに対して訴訟を提起しました。

訴訟では……

この段階で私は、Ａさんの保険会社から紹介を受け、Ａさんの訴訟代理人として活動することとなりました。

争点は、Ｂさんの車両の損害額（修理費）でした。協定できていないということは、原則どおりＢさんが請求する修理費が本件事故によって生じた損傷を修理する内容として必要性、相当性があるのか否かをＢさんが立証しなければなりません。Ｂさんの代理人は、当然、修理工場が作成した見積書を証拠として提出しましたが、その他にはこれといった立証活動はなく、Ｂさんの主張を展開するだけでした。

これに対して、Ａさんの側（私）としては、Ａさんの保険会社を通じて、損傷箇所の高さや状態等から、本件事故による損傷といえるのはドア部分のみであるし、修理内容としては板金修正、塗装による修理が相当である旨の意見書をアジャスターに作成してもらい、これを裁判所に証拠として提出し、反論しました。

最終的にはこの意見書を踏まえた当方の主張にほぼ沿う内容で裁判所から和解案が提示され、和解での解決となりました。

特に本件のような損害論の面では、保険会社の協力を得て、連携して進めていくことが裁判でも大変有用であると実感した事案でした。

もしも、Ｂさんの代理人だったら……

Ａさん側として満足できる結果でよかったのですが、逆にＢさんの側であればどのような対応をしただろうかとも考えさせられた事案でした。

協定できない理由にもさまざまなものがあると思いますが、相手方（保険会社）が否認する以上、どうしても折り合いがつかずに不服のある場合には訴訟提起を検討せざるを得ません。しかし、日常的に賠償の観点から修理費算定を行っている保険会社の協力が得られない場合、立証面でのハードルは低くないと思います。Ｂさんの代理人は、無理筋の主張であると内心思いながらもＢさん自身の強い意向によってやむを得ず訴訟へ至ったのかもしれませんが、保険会社のアドバイスを受けられずにＢさん自身（と修理工場）の話を鵜呑みにして安易に訴訟へ進んでしまったようにも感じました。

結果論ともいえますが、早い時期に相当因果関係のある損害と立証できる見込みが低いと判断し、訴訟へ突き進む前に一歩立ち止まり、あるいは少し引いて示談できていればＢさんにとってもよりよい解決ができたのかもしれません。

体験談２

『レッドブック』と『赤い本』

弁護士６年目　男性

保険会社側代理人から『レッドブック』と言われて……

私が弁護士になって間もない頃、物損事故で過失割合と車両代が争点になっていた事案で、相手方代理人と電話で交渉をしていたときのことです。

相手方代理人から、「レッドブックによれば、車両時価額は○○円でよろしいですか？」と尋ねられました。私は「この代理人は、『赤い本』のことを、『レッドブック』と呼んでいるのだな」と思いました。その頃は、世間一般的に、「リスケ（リ・スケジュール）」、「デッドライン」、「コンセンサス」といった横文字言葉が頻繁に使われるようになってきていた時期でしたので、私は、相手方代理人が、それと同じような感覚で、『赤い本』を『レッドブック』と呼んでいるのだと思ったわけです。つまり英語風に呼んで恰好つけているのだと。『赤い本』の巻末にはさまざまなデータが掲載されていますので、私は、そこに車両時価額についての資料も掲載されているのかなと思いました。

自分の無知や経験の浅さを指摘されているような気持ちになった私は、対抗心に火をつけられました。そこで私はすかさず、自信満々な様子で「車両時価額については『レッドブック』（＝『赤い本』）で追って確認いたします。ところで、本件の過失割合は『グリーンブック』のどれに該当するとお考えですか？」と切り返しました。過失割合を検討する際に参照される『別冊判タ』は緑色の表紙をしていますので、『レッドブック』に対抗して、私はこれを『グリーンブック』と呼んでみたわけです。

すると、相手方代理人は「え？」と一言発したきり、５秒ほど無言になりました。非常に長い沈黙でした。そして何かを悟ったように、私にこう言いました。「『レッドブック』の該当ページをFAXで送りますので、一度ご確認ください」と。電話はこれで終わりました。

５分も経たずしてFAXが送られてきました。それは、車種や仕様によって細かく分類された中古車価格の一覧表でした。私は「こんな一覧表、『赤い本』にあったかなあ？」と思いながら、送られてきたFAXのページをめくりました。そして、衝撃の事実を知りました。

次のページは奥付だったのですが、そこには書籍名として、見慣れた『民事交通事故訴訟損害賠償額算定基準』ではなく、『レッドブック』と記載されていたのです。つまり、『レッドブック』という名称の本が独自に存在していたのです。

驚いた私は、急いでパソコンを開き、『レッドブック』について調べました。

『レッドブック』とは

本書にも度々登場しますが交通事故を扱ううえで必須の文献として、公益財団法人日弁連交通事故相談センター東京支部編『民事交通事故訴訟損害賠償額算定基準』、通称『赤い本』があります。これは弁護士であれば知らない方はいないと思います。交通事故のみならず、人身損害が問題になる多くの事案で参考にされている文献であることは言うまでもありません。

対して『レッドブック』とは、有限会社オートガイドが発刊している月報で、中古車の標準的価格を予測算定した業界誌のことだったのです。昭和33年に創刊された日本初の中古車価格情報専門誌として、交通事故を扱う専門家の間では広く参照されている書籍である、ということでした。

ここまで調べた私は、無言でパソコン画面を眺めながらも、顔から火が出そうなくらいに恥ずかしい気持ちになっていました。相手方代理人は、赤い本を『レッドブック』と呼んでいたわけではなかったのです。『グリーンブック』などという言葉を聞いたときの困惑は察するに余りあります。

このように『レッドブック』とは、『赤い本』の英語風の恰好よい呼び方ではなく、全く別の文献を指しています。私のように（赤い本だけに）赤っ恥をかかないように注意してください。

ちなみに、大学受験の参考書に『赤本』がありますが、『赤い本』を『赤本』と言っても、大学受験の参考書と間違われることはありません。

『緑の本』？

さて、『赤い本』の他に、公益財団法人日弁連交通事故相談センター専門委員会編『交通事故損害額算定基準―実務運用と解説―』が、通称『青本』と呼ばれていることはご存知かと思います。

では、交通事故の過失割合が問題になる事案で参照されることが多い『別冊判タ』の通称は何でしょうか。先ほども申し上げたように、これは緑色の表紙をしています。そのため、これを英語風に「グリーンブック」とは呼ばないにしても、「緑の本」と呼ぶことはないのでしょうか。

そのように疑問に思っていた私は、あるお酒の席で、交通事故を多く扱っている先輩弁護士に率直に尋ねてみましたが、真顔で「それはない」と返されました。やはり、『別冊判タ』は、『判タ38号』と呼ぶようです（ただ、後日談ですが、別件の和解の席上、『別冊判タ』のことを当然のように「緑の本」と呼ぶ裁判官に出会いました。今となっては「緑の本」という呼び方は文献にも登場するなど（司法研修所編『簡易裁判所における交通損害賠償事件の審理・判決に関する研究』法曹会、2016年等）、ある程度一般的になっていると思います）。

ワンポイントアドバイス

車両時価額の算定資料

車両時価額について最高裁は、「原則として、これと同一の車種・年式・型、同程度の使用状態・走行距離等の自動車を中古車市場において取得しうるに要する価額」（最二小判昭和49年4月15日民集28巻3号385頁〔27000441〕）、すなわち、いわゆる市場価格方式をとりました。そして、この市場価格は、体験談2にある『レッドブック』（オートガイド自動車価格月報）を参考に決められることが多いようですが、必ずしもこれだけに限りません。

例えば、インターネットの中古車販売サイトで同一車種・年式・型、同程度の走行距離等の条件指定による検索結果の平均値を用いる方法は近時よくみられます。『レッドブック』は中古車オークションにおける落札価格を目安に価格設定がされているようですが、インターネットの中古車販売サイトの価格は希望小売価格であるため、一般的に後者の方がより高額となる傾向にあります。いずれの方法も合理性を否定されるものではありませんので、代理人として依頼者利益の観点から個別具体的に利用するとよいでしょう。

なお、初度登録から相当期間経過し、すでに市場価格が形成されなくなった中古車について、「新車価格の１割程度」を時価額とすることもままみられます。市場価格が存在しない以上、損害が算定できないとも考えられますが、一般的には市場流通性に基づく換価価値というよりも車両としての使用価値に着目した評価額として肯定される場合があるようです。

Method

16

物損②
（代車）

▶ 代車のワナにご用心

――物損の損害賠償では、修理費や評価損が主要な争点となることが多いが、実は代車費用には法的な問題点に起因する争点が少なくなく、ときに高額となることや法的評価と利用者の意識とのズレなどから解消困難な問題へ発展することがある。問題点を把握して罠に陥らないよう対応されたい。

代車利用の必要性

事故に遭った被害者の中には、事故により破損した車両を修理している間や全損認定により買替えを行うまでの間に利用した代車の料金について、いかなる時でも当然に賠償してもらえるはずだと考えている人が少なくありません。事故にさえ遭わなければいつでも好きな時に車両を利用することができたのですから、そのように考えるのも無理はないでしょう。しかし、事故により車両が一定期間利用できなくなったからといって、常に代車費用が損害として賠償されるわけではありません。代車費用が賠償されるか否かを判断するには、代車を利用する必要性の有無のみならず、その必要性の程度についても十分な検討が必要です。

特に事故車両が自家用の場合には、代車利用の必要性の程度が低いとして、費用の賠償が否定されるケースも少なくありません。否定された例として、趣味やレジャーのために週末だけ車両を利用していた場合や、代替利用できる車両を複数台所有していた場合などがあります。また、マイカー通勤に事故車両を利用していても、代替交通機関の利用が可能かつ相当であると認められる場合には、代車利用の必要性が否定されることがあります。

代車利用期間の相当性

次に、代車利用の必要性が認められるとしても、事故による破損の修理または買替えに要する相当な期間を超えた部分については、賠償の対象外となる場合があることにも注意が必要です。

修理期間は、通常１～２週間程度であることが多いようですが、事故車両の車種、年式、価格、破損の程度によって修理に要する相当な期間は異なりますので、修理に時間を要する合理的な理由があれば、それに応じた期間にわたる代車利用が認められるケースもあります。

また、保険会社のアジャスター（Method 15参照）との交渉や修理協定が長期化し、被害者が車両の修理や買替えになかなか着手できなかった場合、交渉等に要した期間も相当な期間に含まれるか、という問題も生じます。被害者にとって、修理費用に関する交渉等は極めて重要ですので、個別具体的な事情により長期化せざるを得ない合理的な理由がある場合には、交渉等の期間を含めた代車費用の賠償を受けられることもありますが、長期化の原因が被害者側の過大な要求にあった等、もっぱら被害者側の合理的でない対応に原因があるような場合には、期間の相当性が否定されることがあります。

代車費用の相当性

代車費用は、事故車両の代替利用として相当であると認められる範囲内が賠償対象になります。通常は、事故車両と同程度以下のグレードの車両であれば相当性が肯定され得ますが、事故車両が高級外車であった場合にはどうでしょうか。特に基準があるわけではありませんが、一般的な傾向としては、事故車両がベンツのような高級外車の場合には、同程度のグレードの高級外車を代車として利用しても必ずしも代車費用全額が賠償されるのではなく、国産高級車の代車費用の限度での賠償が認められる場合が多いようです。

体験談 1

その代車利用、本当にOKして大丈夫ですか？

弁護士 6 年目　男性

ある日の法律相談

ある日の法律相談のときのことです。事案は、信号機のない交差点での自動車同士の衝突事故で、双方に過失がある事案でした。事故の状況などを聞き取り、相談もそろそろ終わろうかというときになって、相談者から「事故でこちらの車が破損したのですが、修理工場に見積りを依頼したら、修理に１か月くらいかかると言われました。そのため、相手方の保険会社に対して、修理の間に代車を利用してもよいかを相談したのですが、同社の担当者から『そちらにも過失がある事案なので、代車利用は認められません』と言われてしまいました。過失のある場合には、代車を使ったらいけないというのは本当ですか？」と尋ねられました。

私は、相談時間の関係もあり、一般論として「こちらに過失があったとしても、過失相殺後に支払われるべきものは支払われるはずですよ」

と答え、この日の相談を終えました。

その後、相談者は、代車利用を始めました。並行して、相手方との話合いがつかないということで、私のもとに正式な依頼がきました。

私は、間もなく訴訟提起し、他の損害とあわせて代車費用も請求しました。ところが、第１回期日において、裁判所から「代車利用の必要性について、ご主張はいかがですか？」と尋ねられました。

私は、その段階になってはじめて、依頼者に代車利用の必要性について詳細な聞き取りをしました。すると、依頼者は、事故に遭った車は休日にだけ、主にレジャー目的で利用しているという説明でした。裁判所から釈明を求められた以上は、事実を述べるほかありません。

結果、和解期日において、裁判所から、代車利用の必要性については疑問がある旨の考えが示され、最終的には、こちらが代車費用については譲歩する方向で和解をととのえざるを得ませんでした。

今回の反省点

今回の体験を踏まえて、自分なりに代車利用の問題の核心とは何だろうかと考えてみました。そして、代車を利用する相談者が「自分は被害者なのだから、事故前の生活スタイルを事故後もそのまま維持できて当然だろう」と考えるところにあるのではないかと思い至りました。つまり、本件の事例でいえば、相談者は、事故に遭うまで、車を休日にレジャー目的で利用していたのですから、事故後も休日にレジャー目的で利用するため、代車を借りるのは当然だと考えるでしょうし、仮に、その車が高級外車であったような場合ならば、事故後も事故前と同等の高級外車を代車として借りるのは当然だと考えるでしょう。

このように、相談者からすれば、代車利用とはいっても、これまでの生活スタイルを変える意識がありませんので、「代車利用の必要性」という点に問題意識を持つことが非常に難しくなります（むしろ、「持て」という方が無理な話かもしれません）。このことから、相談者の側からあえて「休日のみの利用ですが、大丈夫でしょうか？」、「レジャーや趣味だけに利用しますが、大丈夫でしょうか？」などといった質問を提起すること自体、非常にまれなことであるといえるでしょう。

そのため、交通事故の相談においては、まず、代車利用の有無を確認し、代車費用が争点になりそうであれば、あらかじめ「必要性」、「相当性」を基礎付ける具体的事情の聞き取りを行う必要があります。

私の場合も、たとえ短時間であったにせよ、法律相談で代車について尋ねられたわけですから、相談者から具体的事情を聞き取ったうえで、適切なアドバイスをするべきでした。

代車費用は、意外と見逃しやすい争点です。軽く扱うと、思わぬ落とし穴が待っていることもありますので、ご注意ください。

体験談 2

代車の借りすぎに注意

弁護士４年目　男性

争点は、代車の利用期間

物損が問題となるケースは、修理費用や評価損が主たる争点となるものが多いと思いますが、ときに、代車費用で揉めてしまうことがあります。以下は、物損事故の被害者Ａさんから示談交渉事件を受任したときの話です。

Ａさんは、事故後、すぐに被害車両を修理工場に入庫し、修理費の見積りを依頼しました。Ａさんは、自身で事業を営んでおり、毎日営業で車を利用していましたので、被害車両の入庫期間中は、相手方保険会社の提携するレンタカー会社からレンタカーを借りることにしました。

１週間後、修理工場から、修理に70万円余りを要するという内容の見積書が届きました。見積書とあわせて損傷した車両の写真を相手方保険会社に送ったところ、その１週間後、相手方保険会社から、被害車両は、走行距離が極めて長く、時価額は50万円と算定されるので、経済的全損であるとの連絡がありました。また、車両を買い替える場合の注文から納車までの期間は通常２～３週間程度であり、購入車両や販売店を検討する期間を含めても、Ａさんの代車費用については、全損見解の通知から１か月以内の期間しか支払えないとの返答がありました。

しかし、Ａさんは、被害車両はディーラーの推奨する定期点検に毎回出しており、かつ事故前は走行に全く問題がなかったものであり、ディーラーが販売する中古車にはＡさんの車両と同程度の走行距離の車両はみつからなかったものの、これと同車種・同年式の車両は平均して約100万円で販売されていたことから、時価額は100万円を下ることはないと、一歩も譲りませんでした。そして、頭に血が上ったＡさんは、相手方保険会社に対し、「50万円しか出せないなら、あんたのとこで車を用意して持ってきてくれ！」と語気荒くまくしたて、交渉はなかなか進みませんでした。

最終的にはＡさんも被害車両が全損であることを了解し、車両を買い替えることにしたのですが、この決断に至るまでに、相手方保険会社からの全損通知を受け取って、すでに１か月が経過していました。Ａさんは、急いで車両購入の手続をとりましたが、ディーラーによると、買替車両の納入までに約３週間かかるとのことです。Ａさんは業務に車が必要不可欠でしたので、納車が完了するまでは代車利用を継続せざるを得ませんでした。

実費は負担したくない……

Ａさんが車両の買替えを決断してから３週間後、つまり事故から約１か月と３週間経過後に、購入車両が納入され、Ａさんはレンタカーを返却しました。

相手方保険会社は、全損通知から１か月間が相当な代車利用期間であり、本件ではさらに１週間分の代車費用を支払うことが最大限の譲歩であって、これを超える期間の代車費用の支払いはできないと主張しました。一方でＡさんは、相手方保険会社からいきなり全損だと言われて、すぐに納得できるはずがなく、車両の買替えをあえて遅らせたわけではないとして、自身が利用した代車の料金全額が賠償されるべきであるとし、自身で実費を負担するつもりは一切ないと言います。

あやうく示談交渉が決裂するところでしたが、Ａさんご自身の保険契約を確認すると、レンタカー特約が付帯されており、約款上、事故から１か月間に車両修理や車両買替え等のために利用したレンタカー費用は保険金支払いの対象となることがわかりました。しかも、この特約だけの利用であれば事故件数にカウントされず、Ａさんの保険料も値上がりしないとのことです。

最終的に、Ａさんの保険会社とも相談のうえ、このレンタカー特約による支払いと相手方保険会社からの支払いをあわせることで、Ａさんがレンタカー代金を負担することを避けることができ、無事に示談をまとめることができました。

ワンポイントアドバイス

知人から代車を借りた場合には？

代車費用は、実費の支払いが生じた場合に損害として賠償される費用ですから、知人に無償で代車を借りた場合には、損害が認められず、原則として代車費用相当額は賠償されません。実際に知人に代車費用を支払った場合には、前述した代車利用の必要性及び期間・費用の相当性を充足する範囲において賠償される余地がありますが、その場合でも、業者への支払いと比べて支払いの事実にかかる心証の程度は低くなるでしょうから、支払いの事実を裏付ける証拠資料として、領収証だけでなく、振込履歴なども残しておいた方がよいでしょう。また、レンタカー事業者でない知人から好意によって借り受けた代車費用の金額については、営利事業として行う一般的なレンタカー事業者のレンタカー代金よりも低額な社会通念上の謝礼の範囲にとどめておいた方が無難だと考えられます。

Method

17　自転車事故

▸ 身近なようで難しい

——道路交通法上は同じ「車両」に該当するが（道路交通法２条１項８号）、自転車と自動車では大きな違いが……

自転車は、老若男女が簡単に利用できる最も簡易な交通手段といえます。近時は、健康維持やエコロジーの観点から自転車を通勤・通学に利用したり、休日にサイクリングを楽しむ方も増えているようです。

警察・地域・学校が自転車の安全利用に関する啓蒙活動に力を入れていることや、利用者自身の安全に関する意識も高まっていることもあり、自転車の人身事故の件数自体はここ数年減少傾向にあるようですが、自転車事故は依然として社会問題化され、なかには重篤な被害が生じるケースも散見されます。そのため、弁護士としては、自動車事故と同様、自転車事故事案にも積極的に取り組んでいく必要があります。

しかし、自転車事故事案を扱ううえではその特徴を理解する必要があります。

１つ目の特徴は、事故態様です。自転車には運転免許制度がないことや、その機動性・操作容易性から、利用者が道路交通法の規制に従って走行していない場面が多々存在します。平成26年５月に改訂された『別冊判タ』においては、「歩行者と自転車との事故」という章が新たに設けられ、自動車事故と同様、過失割合に関する基本的な考え方が記載されるようになりました。しかし、上記『別冊判タ』が想定していない態様の事故が発生することも多いようです。『別冊判タ』に記載のない事故態様の事故については、個別具体的な事実関係を踏まえて過失割合を検討することになります（Method1参照）。自転車事故については、自転車が交通手段として自動二輪車（バイク）と歩行者の中間的な位置付けにあるとの社会一般の認識があること、自転車は本来道路を走行する必要がありますが、歩道を走行することが許容される場面があること等の自転車特有の性質を念頭に置いて考慮する必要があります。

２つ目の特徴は、自動車と異なり、自転車は自賠責保険の対象にはならないということです。令和５年４月時点で、32都府県１政令指定都市で自転車保険の加入義務を条例で定め、10道県は努力義務を条例で定めていますが、加害者が自転車保険に加入していない場合、重篤な人身被害が生じると、自動車事故と比較して損害賠償の実現が困難であるケースがなお残っているといわざるを得ません。

余談ですが、最近流行の電動キックボードは、令和５年７月１日施行の道路交通法等改正により、所定の基準を満たすものは特定小型原動機付自転車として扱われ（道路交通法２条１項10号、道路交通法施行規則１条の２の２）、これに該当しない電動キックボードは、一般原動機付自転車または自動車に該当し、その車両区分に応じた規律を受けます。特定小型電動キックボードについても自賠責保険の加入義務があります（自賠法２条１項、５条、道路運送車両法２条３項）ので、その点では自転車と異なります。電動キックボードと自転車の違いは、他にも、自転車は所定の場合に歩道通行が許容されるのに対し、特定小型原動機付自転車は、車道だけでなく自転車道を通行できるものの（道路交通法17条３項）、歩道の通行は許されない等の点も挙げられます。ただし、特定小型原動機付自転車のうち、さらに所定の要件を満たすものは特例特定小型原動機付自転車として歩道等の走行が許容されます（道路交通法17条の２）。

自転車と電動キックボードは多くの点で扱いが異なりますが、電動キックボードの交通事故の過失割合については、自転車事故と同様に難しい問題が生じるように思います。

きちんと賠償してもらえないのでは……

自転車利用者が保険に加入しておらず、加害者に資力もない場合、自転車事故の被害者は治療費すら満足に受けられないことにもなりかねません。

自転車事故に利用できる保険とは、自転車保険、個人賠償責任保険、TSマーク付帯保険（自転車安全整備士が点検整備した自転車に貼付されるTSマークに付帯した保険で、傷害保険と賠償責任保険が付いています。自転車購入時に加入するケースが多いと思われます）等があるほか、自動車保険や火災保険の特約で自転車事故にも対応できる場合もあります。これらの場合、被害者は、加害者の契約保険会社から賠償金の支払いを受けることができます。加害者の中には、これらの保険に加入していることや上記の特約が付されていることを忘れていたり認識していなかったりする方もいます。そのため、自転車事故に対応するうえでは、まずはこの点をしっかりと確認することが重要です。

また、被害者自身が加入している労災保険や、傷害保険でも自転車事故により自己が負った傷害についてカバーする特約（保険会社によって呼び名が異なります）が付されている場合もあります。そこで、被害者自身に対しても、自己が加入している保険の契約内容をしっかり確認してもらい、場合によっては、その活用を検討することも必要です。

保険が活用できるとしても……

加害者や被害者が加入している保険を活用できるケースでも、必ずしも自動車事故の時と同じような事件対応ができるわけではありません。

加害者が加入する保険には、示談代行の特約が付されているものと付されていないものがあります。後者の場合、自動車事故のように加害者の契約保険会社が示談を行うことができません。そのため、示談交渉等は、加害者本人と直接やり取りすることになります。

また、自動車事故により後遺症が残った場合、損害保険料率算出機構（自賠責損害調査事務所）がこれを審査し、後遺障害に該当すると判断された場合にはその等級認定を受けることができます。後遺障害等級の認定を受けた場合、裁判所も加害者側もその認定は尊重する傾向にありますので、被害者側としては、後の示談交渉や訴訟の場面で後遺障害の立証の負担が軽減されるというメリットがあります。

これに対して、自転車事故の場合、現在のところ後遺障害の審査・等級認定を行う審査機関はありません。そのため、加害者との間で後遺障害に関する争いが生じた場合には、基本的には被害者側で後遺症の内容及び程度を、医学的根拠をもって立証する必要があります。

体験談 1

自転車事故でも保険を使える場合があるかも……

弁護士4年目　男性

不運な自転車事故

相談者はサイクリングを趣味としている30代の男性でした。カスタマイズされた数十万円もするロードバイクを乗りこなし、休日になると友人と一緒にツーリングをしていました。東京在住でありながら、箱根や筑波山にも自転車で度々行っているようです。

その日もいつものようにサイクリングをしていたのですが、歩道・路側帯と車道の区別のない道路を走行中、信号機のない交差点に差しかかったとき、交差点を横切ろうとしていた歩行者と出合い頭に衝突してしまいました。

歩行者は50代の女性であり、衝突のはずみで転倒し、腰を地面に強打するとともに右手を骨折してしまいました。他方、相談者も転倒し、肩の打撲に加え、左足を骨折してしまいました。相談者はすぐに救急車を呼び、警察にも連絡をしました。

相手方からの損害賠償請求

後日、相手方から相談者に対して、治療費、休業損害及び慰謝料の支払いを求める旨の連絡がありました。困った彼は、友人を介して私のところに相談にいらっしゃいました。

相談を受けた私は、自転車事故の案件を扱うのが初めてでした。当時は自転車保険の義務化の条例制定が進む前のことであり、私は、「自動車やバイクを運転中の事故ではないから自賠責保険は使えないし、賠償金の負担はやむを得ないか……」と思い、相手方との示談交渉を受任し、その示談に向けて行動しようと考えました。当時の私は、過失割合ばかりが気にかかり、事務所の先輩弁護士にアドバイスをもらおうと事案の概要を説明したところ、先輩から次のような質問を受けました。

「保険を使えないか確かめた？」

自転車事故に対応した保険

私の中で自転車向けの保険といえば、TSマーク付帯保険でした。しかし、相談者に確認したところ、自転車を買ったときには保険は要らないと考えて、加入していないとのことでした。また、その他の自転車保険にも入った覚えはないと言われました。

やっぱり相談者に賠償金を払ってもらうしかないか……と意気消沈して上記結果を先輩弁護士に伝えたところ、今度は「個人賠償責任保険にも入ってないの？　あと、自転車向けの保険って、他の保険の特約として付けられていることも多いよ。そこもちゃんと確認した？」との指摘を受けました。

そこまで気が回らなかった自分を恥じながらいろいろと調べてみると、自動車保険や火災保険等のオプションとして自転車事故に備えられる商品が多数あることがわかりました。そして、再び相談者に尋ねたところ、個人賠償責任保険と自転車傷害保障特約が付帯された自動車保険に加入していたことが明らかとなりました。相談者自身も、自転車事故に関する特約が付帯されていたことをすっかり忘れており、驚いていた様子でした。

自分の怪我にも保険が使えることに

相手方の怪我について保険が使えることになったため、相談者はひと安心したようでした。また、この自動車保険には、自転車運転中の事故で運転者自身が怪我をした場合を補償範囲に含む自転車傷害特約も付けられていたことから、相談者自身の怪我の治療費についても保険金が支払われることになりました。

保険が適用されるという確認を怠ったままであれば、相談者に不要な負担を強いることになってしまうところでした。先輩弁護士のアドバイスを受けて今回は何とかそれを回避することができましたが、保険適用の可否について十分に確認することを念頭に相談を受けようと心に刻みました。

「事故に遭ったらまずは保険の確認！」という本件の教訓を胸に、相談者にとって最善の解決を目指していきたいと思います。

体験談２

後遺障害の等級認定を自分で……

弁護士４年目　男性

自転車事故でも警察に届出を！

私が弁護士登録をして１年経過し、ある程度の案件対応方法等についてもわかってきたある日のこと、携帯に知人から電話がありました。話してみると、「交通事故に遭ったので相談したい」とのことだったため、後日事務所で相談を受けることになりました。

詳しい話を聞いてみると、知人が信号機の設置されていない交差点を自転車で走行していたところ、相手方の自転車と交差点内で衝突し、転倒したのですが、この時は知人も相手方も時間がなかったため、警察への届出はせずに、お互い連絡先を交換してその場を去ったとのことでした。しかし、知人は、何日かして、転倒した際に地面についた右手が痛くなり、人差し指の第１関節が上手く曲がらなくなってしまったので、近くの病院に行ったところ、「指の腱が伸びてしまっており、しばらく通院しなければならない。治療を行ったとして、元のように上手く動かすことができるかわからない」との診断を受けたことから、私に示談交渉をお願いしたいとのことでした。

私は、知人に対して「たとえ自転車の事故であっても、後に事故態様が争いになってしまうことがあるから、警察を呼んで、実況見分等をしてもらった方がよかったですね。これから相手方と話をすることになりますが、事故状況に争いがある場合には、少し厄介なことになるかもしれませんね」と話しつつ、その場で相手方に連絡を入れてみました。すると、相手方は、自転車保険に加入している、事故態様自体については争うつもりはないということでした。これを受けて、私は、知人に対して、本件では警察に届け出るまでのことをする必要はないとアドバイスをしました。

相手方が加入していた自転車保険には示談代行特約が付されていたようで、その後、相手方の保険会社より連絡を受けました。相手方保険会社も事故の発生及び事故態様について争ってきませんでした。

今になって思えば、後に相手方が事故態様に関する主張を変更しないとは限らないので、「本件で警察に届け出なくてよい」とのアドバイスは、少なくとも相手方の保険会社の姿勢を確認してからでもよかったのではないか、と反省しています。

自転車による交通事故では自賠責の認定を受けられない！

知人の怪我の状態については、数か月通院して治療を行いましたが病院の見立てどおり完治するまでには至らず、残念ながら右手の人差し指の第１関節は、事故以前のようには曲げることができなくなってしまいました。

私は症状固定との診断を受けた後、自動車事故の場合と同様に、医師に後遺障害診断書を書いてもらい、自賠責の後遺障害認定等級の事前認定を申請しようと考えていたのですが……その時になってはじめて、相手方が自転車であるので、自賠責保険を活用できないことがわかったのです。

当然、自転車は自賠責保険に加入はしないのですから、損害保険料率算出機構が等級認定を行ったり、自賠責保険に対して被害者請求することもできません。私は、後遺症の際の処理も、てっきり自動車事故の処理と変わらないと思っていたので、一瞬、どのように後遺症について処理をしたらよいのか、頭が真っ白になりました。しかし、先輩弁護士より、交通事故以外の不法行為の場合で後遺症による損害を主張する際は、自賠責保険や労災保険の書式を用いて相手方に請求することが多いと聞いていたので、本件でもそのように請求してみようと考え、まずは相手方保険会社に連絡をしてみました。

相手方保険会社との交渉

そうすると、相手方保険会社の担当者から、「後遺障害診断書が作成されたのであれば、自社認定をします」と言われました。

詳しく聞いてみると、自転車事故で後遺症が発生した場合には、保険会社ごとに自社の基準で後遺障害の等級を認定し、これを前提に損害額を算定して提示することになっているとのことでした。

私自身は、知人の後遺障害は14級７号に相当するのではないかと考えていましたが、相手方保険会社からの提示があるのであればと思い連絡を待つことにしました。そうしたところ、相手方保険会社は、骨折や脱臼等の明らかな外傷性の異常所見は見当たらない等の理由で非該当であると主張してきました。

私は、すぐに主治医に連絡して意見書の作成をお願いしたところ、主治医は、快く意見書を作成してくれました。

その後、私は、主治医の意見書とともに、知人の後遺障害は14級７号に該当する旨を主張しましたが、相手方保険会社が納得しなかったため、裁判で争うことになりました。

損害保険料率算出機構になったつもりで主張する！

訴訟を提起するにあたり、さらに資料を収集していたところ、知人と同様の症状の自動車事故事案で自賠責の事前認定で14級７号に該当すると認定されたという案件の「自動車損害賠償責任保険　後遺障害等級のご案内」の別紙（後遺障害等級事前認定票の認定理由が記載されている書類です）を発見することができました。

そこで、私は、主治医の意見書と上記別紙を参考にして、自分が損害保険料率算出機構になったつもりで知人の後遺障害は14級7号に該当する旨の主張を行ったところ、結果的に裁判所はこれを認めてくれました。

はじめは「自転車事故は自動車事故と違うのではないか」と、戸惑いがありましたが、主治医に意見書を書いてもらったり、相手方保険会社の提示額に納得できないのであれば訴訟で争ったりするという流れは通常の自動車事故の場合と同じなので、臆せず対応していこうと思います。

ワンポイントアドバイス

自転車事故をやっておけば……

以上のとおり、自転車事故では、自動車事故と同じように処理することはできず、保険に関する知識や、後遺症に関する知識も要求されます。

しかし、何度か自転車事故を扱えば、そこで得られた知識・ノウハウは他の人身損害事故事案でも活用することができます。

例えば、野球の試合中に怪我をして後遺症を負ったという案件に出合った場合、何らかの保険が付されているのではないかと、付保の調査の必要性に気づくことができますし、自転車事故と同様のやり方で後遺症の内容・程度の立証に必要なこともわかってきます。

読者の皆様には、自転車事故事案を積極的に受任していただければと思います。

過失割合はどうなるの……

本Methodの体験談では触れられませんでしたが、自転車事故においても過失割合は重要な争点となります。

平成26年７月に『別冊判タ38〈全訂５版〉』が出版され、「歩行者と自転車との事故」という章にて、自転車事故の過失割合に関する基本的な考え方が示されるようになりました。

しかし、自転車には、運転免許証制度はなく、道路交通法規の遵守が徹底されていません。また、自転車の操作容易性や機動性から、思いもよらぬ走行をする利用者も多いように思います。そのため、自動車と比較すると、『別冊判タ』に記載された事故類型以外の事故態様も多いように思います。

自転車が従うべき信号機についても悩ましい問題があります。自転車が車道を走行する場合は車両用信号に従うことになりますが、自転車が歩道を走行する場合は歩行者用信号に従う必要があると一般に解されています（道路交通法施行令２条）。車両用信号と歩行者用信号はサイクルが異なりますので、自転車が従うべき信号機の見方を間違えると、過失割合の考え方を大幅に見誤るおそれがあります。

またロードバイクや電動アシスト自転車は、走行の仕方次第でかなりの高速度を出すことが可能です。自転車が時速30kmを超える高速度で走行する場合、過失割合の判断にあたってはバイクと同視することが相当である場面もあるでしょう。

なお、令和５年４月１日施行の道路交通法改正により、自転車運転者に対してヘルメット着用の努力義務が課されるようになりました（道路交通法63条の11）。自転車運転者や同乗者がヘルメット非着用の場合、過失相殺率加算の事由となるという見方もあるかもしれません。ただし、あくまで努力義務ですので自動車のシートベルト着用義務違反と同列に論じることができるかは検討の必要があるでしょう。なお、電動キックボード（特定小型原動機付自転車）の運転者もヘルメット着用の努力義務が課せられています（道路交通法71条の４第３項）。

このような事案についても、積極的に過失割合に関して主張・立証していくことが重要です。

Method

18 無資力対応

▸ あきらめるな、途はある

——相談、依頼時には「困っています。助けてください」という切実な訴えが弁護士に寄せられることがある。こうした相談にも落ち着いて対応し、相談者の不安を解消する助言をしている自分のイメージをつくっておくことが大切だ。

被害者やその家族の弁護活動において、加害者が無資力であったり、補償交渉に応じないなど不誠実な態度である場合、加害者に対する損害賠償請求権を保全、実現するためにどのような制度、方法があるでしょうか。また、被害者が事故によって収入が途絶えたという場合に生活を守るためにどのような制度を利用できるでしょうか。

次表にはヒントと概要を記載しましたが、より詳細な内容や具体的手続については、それぞれの専門書をご参照ください。

被害救済に役立つさまざまな制度

大分類	制度のヒント	概要・情報入手
保険請求	自賠責保険（自賠法） ・被害者請求（治療費、逸失利益、慰謝料等） ・内払、仮渡金制度	定型的な申請書式、証明方法により迅速に一定の補償が受けられます。被害者に重過失がなければ過失相殺による補償減額はありません。人身損害のてん補を目的とし物件損害はてん補されません。交通事故証明書記載の自賠責保険取扱保険会社に照会して手続をします。
	加害者側の任意保険（各社保険約款） ・対人賠償保険 ・対物賠償保険	契約内容は各保険会社（共済）の約款に定めるところによりますが、賠償責任保険の補償内容については保険会社による差は大きくありません。加害者が契約している保険契約の内容によりますが多くの場合、物件損害も補塡され示談代行が付いていることがほとんどです。
	被害者側の生命・傷害保険（各社保険約款） ・人身傷害保険 ・自損事故保険 ・無保険者傷害保険 ・搭乗者傷害保険 ・車両保険 ・弁護士特約	被害者側の自動車保険の契約によりますので、特約の有無・内容については保険契約の確認が必要です。人身傷害保険は、自動車事故により、被保険者及びその搭乗者が死傷した場合、その責任割合にかかわらず、被る損害について約款で定める損害額に対して保険金が支払われます。被害者等が契約している保険会社に照会して手続をします。
	政府の保障事業（自賠法）	法律にかかわらず自賠責が付保されていない自動車や盗難車の運行による事故やひき逃げ事案の場合に利用できます。補償内容は自賠責と遜色ありませんが、調査に時間がかかるため支払いを受けるまで時間がかかるケー

大分類	制度のヒント	概要・情報入手
保険請求	政府の保障事業（自賠法）	スが多いようです。被害者の重過失があれば補償が減額されます。政府から事業を委託された各保険会社（共済）に照会して手続をします。
公的給付	労災保険等（労働者災害補償保険法・国家公務員災害補償法・地方公務員災害補償法） ・療養補償 ・休業補償 ・障害補償 ・特別支給金等	労働者が業務上・通勤途上において死亡または傷病を被った場合に利用できます。療養補償、休業補償、障害補償、特別支給金等定型的な補償が行われますが損害賠償制度にいう慰謝料は支払われません。自賠責保険とも競合しますが、被害者にも過失があるケースでは早期に労災保険を請求することが有用です。労働基準監督署、被害者の勤務先に照会して手続をします。
	健康保険（健康保険法・国民健康保険法） ・療養給付 ・傷病手当金等	一般の会社員、日雇い労働者またはこれらの者が扶養する者の業務外の事由による疾病、負傷、死亡に関し必要な給付が受けられます。療養給付（医療費の原則7割給付）、労働ができないために賃金が得られなかった場合の傷病手当金等が支給されます。健康保険と国民健康保険は労働者に限らず保険対象とするか否かの違いです。健康保険組合（実質的には勤務先）、（国民健康保険の場合）各市区町村に照会して手続をします。
	国民年金（国民年金法） ・障害基礎年金 ・遺族基礎年金等	国民の生活の維持と向上のため、国民の老齢、障害、死亡について保険給付が受けられます。原則として保険料を10年以上納付した国民が65歳に達したとき支給される老齢基礎年金のほか、

大分類	制度のヒント	概要・情報入手
公的給付	国民年金（国民年金法） ・障害基礎年金 ・遺族基礎年金等	疾病、負傷により一定の障害が残存するときに給付される障害基礎年金、死亡したときに遺族に給付される遺族基礎年金などがあります。すでに受領した障害基礎年金は損益相殺の対象になると考えられています。各市区町村に照会して手続をします。
	厚生年金（厚生年金保険法） ・障害厚生年金、一時金 ・遺族厚生年金	労働者及びその遺族の生活の安定と福祉の向上のため、労働者の老齢、障害、死亡について保険給付が受けられます。国民年金の上乗せ部分（２階）といわれます。すでに受領した障害厚生年金は損益相殺の対象になります。被害者の勤務先を所管する年金事務所に照会して手続をします。
	国家公務員共済（国家公務員共済組合法）・地方公務員等共済（地方公務員等共済組合法） ・療養給付 ・埋葬料 ・傷病手当金 ・休業手当金 ・障害共済年金、一時金	国家公務員・地方公務員またはその扶養者の病気、負傷、死亡等について適切な給付を受けられます。年金給付については国民年金制度の公務員用の上乗せといわれます。
	失業保険（雇用保険法） ・基本手当 ・傷病手当	労働者が失業した場合に必要な給付が受けられます。労働の意思・能力を有すると認められる労働者が失業した場合に給付される基本手当のほか、離職後、職業安定所に求職申入れをした後に疾病、負傷によって労働能力を失い基本手当の支給を受け

大分類	制度のヒント	概要・情報入手
公的給付	失業保険（雇用保険法） ・基本手当 ・傷病手当	ることができなくなった場合に支給される傷病手当等があります。職業安定所に照会して手続をします。
	生活保護（生活保護法） ・生活扶助 ・教育扶助 ・住宅扶助 ・医療扶助 ・葬祭扶助等	困窮のため最低限度の生活を維持することができない者に対して、最低生活を維持するに必要な限度で行われます。各市区町村に照会して手続をします。
	自動車事故対策機構（独立行政法人自動車事故対策機構） ・貸付金 ・介護料	交通事故による現実の損害賠償を受けるまでの間、被害者、遺族である義務教育終了前の児童、交通事故損害賠償について債務名義を得たが弁済を受けるのに困難を伴うと認められる者に対し必要な資金の貸付けを受けることができます。
	身体障害者福祉（身体障害者福祉法）	身体障害者を援助し、必要に応じて保護し、もって身体障害者の福祉の増進を図ります。
裁判上の請求等のサポート	法律扶助（総合法律支援法）	弁護士費用等の裁判所費用を立て替えてくれる制度です。委任した弁護士や日本司法支援センター（法テラス）に照会します。
	訴訟救助（民事訴訟法）	生活の困窮と勝訴の見込みを疎明しつつ、印紙、予納郵券等裁判費用の支払猶予について裁判所の決定を求める制度です。委任した弁護士、裁判所に照会します。

体験談１

セイフホショウ

弁護士３年目　男性

不安と怒り……

Ａさんが、道路を横断歩行中、Ｂさんの運転する車に衝突されたという事案でした。救急搬送され、幸いＡさんは一命を取り留めたものの、高次脳機能障害による後遺症も残るのではないかという程の重傷でした。

そのような状況で、弁護士１年目の私はＢさんに対して損害賠償請求（示談交渉）する件を受任することとなりました。

Ａさんの家族は「Ｂさんの弁護士から一度だけ連絡がありましたが、無免許で運転していたそうです。保険に加入していないとか何とかで支払いが厳しいと言うだけでした。その後は、また連絡すると言っていましたが、一切連絡はありません。Ｂさん自身は捕まっているので仕方がないと思いますが、家族など誰もお見舞いにすら来ません。今後のＡの生活や治療費の支払いについても不安です。一体どうしたらよいのでしょうか」と話し、不安と怒りの入り混じった様子でした。

10万円で示談？！

Ｂさんは逮捕、勾留後、起訴され、Ｂさんには国選弁護人が選任されていました。

そこで、まずはＢさんの弁護人に対して、本件事故の損害賠償（弁護人の立場からみると被害弁償）についてどういう意向であるのか、問い合わせました。弁護人によると、確かにＢさんは無免許運転で、任意保険には加入がないとのことでした。しかし、それだけではなく、Ｂさんは自賠責保険にも加入していないとのことでした。Ｂさんには弟が１人いるものの、長く音信不通で、身元引受人をお願いできないかと連絡してみても連絡がつかず、支払いにも協力してもらえないと思うとのことでした。

弁護人からは「Ｂさんの事故前の収入も僅かです。目ぼしい財産もありませんので、現実問題として賠償は難しいです。10万円で何とか示談できないでしょうか」との提案がありました。

冷静に話を聞いていましたが、10万円で示談と聞いて、「無責任に車を運転してかなりの怪我を負わせておいて10万円で示談？！　この弁護人は何を考えているのだ！！」と憤りを感じました。何とか声には出さず、とりあえず「到底そのような示談には応じられません」とだけ述べて話を終えました。しかし、この後どうしたらよいものかしばし途方に暮れてしまいました……。

政府保障事業

交通事故証明書をみると、「自賠責保険関係」欄は「無」となっていました（後で確認すると、Ｂさんは無車検車運行、無保険車運行といった罪でも起訴されていました）。請求し得る運行供用者は他には見当たりません。

「Ａさんの家族に何と説明しようか……」とか、「これが泣き寝入りか？」とかぶつぶつ言いながらも少し冷静になると、最後に、相手方弁護人の「セイフホショウ……に請求されては……」という言葉をふと思い出しました。ピンとこなければとりあえず調べる！　ということでインターネットで検索してみると、すぐにそれらしき内容がみつかりました。

政府保障事業でした。国土交通省のWebサイトをみて、『赤い本』の下巻を読み（どうやら毎年最後の方のページに載っているようです）、その他の交通事故の文献も読むと、まさに本件のような事案にあてはまる制度であることがわかってきました。こんなことも知らなかったのかとただ恥ずかしくなるばかりでした。

その後、Ａさんは幸いにして順調に回復し、しばらくはＡさんがその都度窓口で治療費を支払うこととなり、最終的に請求してから支払いを受けられるまで時間はかかってしまいましたが、政府保障事業を利用することでＡさんの損害は十分とはいえないものの一定のてん補を受けることができました。

人身傷害補償保険は使えないか？

後日、何人か先輩の弁護士と話す機会がありました。「政府保障事業は知らないとまずいよね〜」と言われ、散々恥ずかしい思いをしましたが、帰り際に「人傷は使えなかったの？　家族も？」と言われ、「あれ？どうだっけ？」と急に不安になってしまいました。Ａさんは随分と前に車に乗らなくなったとかで自動車保険には入っていないと聞いていましたが、きっと家族も同じだろうと思って家族の分まできちんと確認していませんでしたし、人身傷害補償保険が歩行中の事故をカバーするということがそもそも頭に入っていませんでした。

翌日急いで（ただし、聞き方は悩みましたが）Ａさんの家族に確認してみましたが、誰も車に乗らないそうで、Ａさんがカバーされそうな「人身傷害補償保険」の保険はありませんでした。

結果として、政府保障事業への請求を行う方針で問題は生じませんでしたが、保険契約は本当にないのか、契約内容はどうか（歩行中の事故も補償対象となっていないか？）をきちんと確認しなければならないと心に刻み込んだ事案でした。

体験談 2

治療費もなくて……

弁護士 4 年目　男性

費用がない場合でも早期受診を！

私が交通事故の相談を受ける際、被害者が、「相手方からまだ連絡がないので、治療費を払ってくれるのかわからないから、病院に行くことができない」とおっしゃるのを聞くことがあります。そのような場合、相談を受けた弁護士としては、必ず病院に通うよう助言すべきだと思っています。

私自身の対応としては、相談を受けた際には、健康保険を使って受診をするように助言をしています。病院に通わずに放置してしまった場合には、それこそ後から交通事故によって生じた損害として治療費や慰謝料などを請求することが難しくなる可能性がありますので、費用がない場合でも早期の受診が必要です。

ただし、病院によっては交通事故の場合に健康保険を使うことに難色を示す場合があるため、「とりあえず相手方保険会社の対応を待ちましょう」と言うことがあります。そのような場合には、病院に治療費の支払いを待ってもらうことによって、その間に相手方保険会社との連絡を取ることになります。

私が相談を受けた事案では、当初は相手方が無過失を主張し、保険会社に事故報告をしていなかったため、保険会社からの連絡がありませんでした。そのため、受任後にまずは病院に連絡し、相手方保険会社の対応をみて１か月程度であれば待つとの話を取り付け、その後に相手方本人と交渉することになりました。

相手方とは、とにかく無過失の主張をあらためさせ、保険会社を入れて交渉したい旨を伝えていたところ、交渉が功を奏して、しばらく経って相手方保険会社から連絡があったことから、治療費の問題としては解決することになりました。

この事案のように、本人だけで治療費の支払いを待ってくれるように交渉するより、代理人も病院と本人との間に入ることによってきちんと事情を説明して、相手方との交渉状況を逐次伝える旨を述べて交渉した方が、病院側との間でも混乱が生じないでしょう。

他方で、病院が治療費の支払いを待ってくれない場合や、健康保険の３割負担部分を支払うことが困難な状況が生じている場合ですと、自身の保険がある場合には、自身の加入する保険を利用して治療費を支払ってもらうことも考えられます。

本人の過失が小さく、相手方が任意保険に加入している場合

また別の事案では、自営で理髪店をしていた被害者が、二輪車で走行中に交差点で事故に巻き込まれ、大腿骨を骨折する等の怪我を負ったことで、このままでは生活するためのお金もなくなってしまうが、どうしたらよいのかと相談しにいらしたことがありました。この時は、被害者はそのまま入院することになっていたため、入院中に相手方保険会社から連絡があり、入院や手術の際の治療費の問題は生じませんでしたが、休業損害等の点でいくつか問題が生じました。

当面の生活費もないような場合には、依頼者の生活のために休業損害や交通費等の積極損害については少なくとも１か月ごとに相手方側に対して請求することが必要です。

基本的には、過失割合に争いがあったとしても損害の全体額の中で調整が行われるため、休業損害等を先行して請求した場合に、当方の過失が６～７割のような過失割合で争いがあった場合や、事故態様で明らかな争いがある場合は別として、相手方保険会社が一切の支払いに応じな

いということは少ないでしょう。

被害者の当面の生活費等の確保の問題としては、基本的には、相手方側に対して早急に対応を求めることになります。

また、仮に、本人の過失が小さいが休業損害に争いがあり、立証に時間がかかりそうな場合ですと、相手方保険会社に対して、「慰謝料の前払い扱いでも構わない」として、ある程度の金額を支払ってもらうことで、当面の生活費等を確保するという方法をとったこともありました。

本人の過失が大きく
相手方任意保険会社が対応してくれない場合、
または相手方が任意保険に加入していない場合

また、私が受任したその他の事案としては、本人の過失が大きく相手方保険会社が対応してくれない場合や、そもそも相手方が任意保険に加入していない場合のように、相手方保険会社から支払いを受けられないケースがありました。そのような場合には、①自賠責保険に対して仮渡金を請求したり、②自賠責保険へ直接請求したりすることにしています。

この①仮渡金の請求については、自賠責保険からの支払いは基本的には全損害が確定してからになりますが、仮渡金は被害者の生活費、治療費等の支払いの観点から一部先に支払われることになるため、利用することがあります。支払われる金額は傷害の程度に応じて40万円・20万円・5万円の3段階ですので、傷害の程度によって使い分けています。

また、②自賠責保険への直接請求については、重過失減額が想定されない場合であれば、治療費のほか、被害者が働いていたという事実だけ確認できれば、少なくとも、自賠責保険の基準による休業損害（休業日数×6,100円）も支払ってもらえることが多いため、私は常に頭の片隅に置いて検討しています。

他方で、本人自身が傷害保険等に加入している場合には、そちらから支払いを受けておいたこともあります。

弁護士費用について

私が相談を受ける際に時々直面する問題としては、被害者に資力がなく、弁護士費用を着手段階で支払うことができないということがあります。

そこで、私が受任をする際に必ず確認をしていることは、依頼者側の弁護士特約を使うことができないか、ということです。

しかし、「何か保険に入っていたら弁護士特約を使えるかもしれませんよ」と聞いただけでは、「私自身は保険に入っていないので、そういうのはないかと思います」という答えになることがありますので、私は、「配偶者等が加入している保険の中に、家族単位で弁護士特約が使える旨が規定してある可能性があるため、皆さんの加入されている保険の約款も確認させてください」と伝えるようにしています。

また、これまで相談を受けた依頼者の中には、「弁護士特約を使うと、今後の保険料が上がるのではないか？　そうであれば使いたくない」と心配される方もいますが、弁護士特約を使うことによって、その後の保険料が上がることは一般的にはないようです。

また、仮に弁護士特約がない場合には、私自身のやり方としては、着手金自体は定めるものの、受任契約書においては支払いの時期を後にずらす等、調整をすることで対応しています。

ワンポイントアドバイス

視野を広げて、いろいろな制度を見渡そう

相談者と会って間もないなど情報が少ないうちは先入観を持たず、視野を広げて利用可能性のある制度を複数想起して相談者に助言するべきです。体験談で触れられている人身傷害保険、弁護士特約など被害者の

みならず家族など一定の関係にある者が加入している保険が事態収拾に役立つことは少なくありません。

あらゆる相談に共通することではありますが、特に加害者・被害者の資力に問題があって当面の治療費や生活費にも事欠くような事案では、さまざまな制度の利用を視野に入れて念入りに聞き取りを行うとともに、常日頃から種々の制度の存在と利用場面を把握するように心がけることが、いざというときに役に立ちます。

Method

19 相手の保険①（任意保険）

▶ 保険はみんなのもの

――交通事故による賠償の世界では、相手方である加害者の保険も使えることをご存じだろうか。「保険はみんなのもの」と肝に銘じ、当事者の保険をしっかり有効活用して被害回復を実現しよう。

相手の保険も使えるの？

保険制度の存在意義は、疾病や負傷、死亡、事故、自然災害、第三者への損害賠償責任の負担や事業で被る不利益などについて備えることにあります。例えば損害保険についていえば、保険契約をしている者は、不慮の事故により負担する高額な賠償責任に耐えられず経済的に破綻してしまうことを回避できますし、事故の被害者にとっては、より確実に救済を受けることができるという重要な意義があります。保険は、「みんなのもの」といってよいでしょう。

「みんなのもの」の顕れといえる制度

自賠責保険については、本書でもすでに繰り返し登場している被害者請求というものがあります。自賠責保険加入のＡ車両、Ｂ車両の事故に歩行者が巻き込まれて負傷したという共同不法行為の事例では、被害者は、傷害による損害について、最大120万円×２契約＝240万円の請求が可能となります。

任意保険については、被害者の保険会社に対する直接請求権があります。ほとんどの賠償責任保険の約款で、損害賠償請求権者（被害者）は、一定の条件のもと、保険会社が被保険者に保険金支払義務を負う範囲で、保険会社に対して賠償額の支払いを請求できるなどとして直接請求権を創設しています。

これは、かつて保険会社が、加害者など保険契約者のために示談代行サービスを行っていたことについて、日本弁護士連合会が、当該サービスは報酬を得る目的で業として他人の法律事務に介入している行為に他ならず弁護士法72条に抵触するのではないかという問題提起をしたことが発端になっています。弁護士会と損害保険業界とで協議を重ねた結果、損害保険会社は、被害者の保険会社に対する直接請求権を認め（これにより当事者に準ずる立場を自らに持たせ）、対人の示談代行サービスについての弁護士法違反の疑念を払拭することとなったようです。

任意保険の内容

任意保険の内容は保険契約（約款）で決められています。保険会社のウェブページにアクセスすれば保険約款を参照することができます（証券番号を入力しないとできない会社もあります）。これらの約款をみると、用語の定義に始まり、保険事故、被保険者、免責条項、保険事故ごとの保険金の額または計算方法、示談代行、損害賠償請求権者の保険会社に対する直接請求権、損害賠償請求権者と被保険者との権利調整、保険料の払込方法、事故発生時の手続、保険金請求手続、保険契約の無効・取消し・解除事由などが記載されています。自動車保険の場合は、加害者になった場合に備える条項（対人・対物賠償責任保険）がベースになっており、保険契約者側が被害を受けたときに備える人身傷害補償保険、車両保険がセットにされるという構造になっています。保険料を抑えたい場合、被害を受けたときに備える後二者の保険を外している契約例もあります。

弁護士はどこまで保険商品の内容を把握すべきか？

保険商品の内容に関する知識は、日常的に保険会社と付き合いのある弁護士であればともかく、そうでない弁護士が全てを把握することは難しいといえます。もっとも、保険会社に対し保険金請求をする事案であれば請求の根拠となる約款の条項や関連する裁判例を調査しておくべきです。また、保険事故の立証責任の分配については、本稿の狙いからはずれますので割愛しますが、いくつかの最高裁の裁判例があります。

対物超過特約

対物賠償責任保険の特約で、相手方の車に時価額を超える修理費用が発生したときの補償をするというものです。物件損害賠償の実務では、経済的全損の考え方により、修理費＞事故時の車両時価額、となるときは、車両時価額が車両損害として扱われますが（経済的金損）、車両の被害者にとっては、なかなか受け入れられず、賠償交渉を難しくすることもあります。そこで、対物超過特約が登場します。

例えば、相手方車両の修理費用60万円、時価額40万円、過失割合当方90％・相手方10％という事故を想定します。普通の対物賠償責任保険では、経済的全損の考え方により時価額である40万円の90％相当額である36万円の損害賠償額に対する保険金が支払われるのみですが、対物超過特約を付帯していると、現実の車両修理の完了を条件として、時価額を超える修理費用20万円の90％相当額である18万円が保険金として加算して支払われますので、この特約使用が相手方の被害感情を和らげるのに役立ちますし、交渉材料とすることもできます。

　もっとも、この特約は上記の直接請求権の対象とはなっておらず、被害者の側から加害者に対して特約の利用を請求する権利は認められないのが通常ですので注意が必要です。

体験談 1

被害者請求＋直接請求

弁護士 5 年目　男性

一家の大黒柱が突然の事故で

　50歳代の父親と30代の娘さん（夫とは離婚）、その生後まもない子どもという家庭で、父親が交通事故で一時意識不明に陥り、長期入院を余儀なくされたというケースの相談を受けました。

　早速問題になったのが生活費です。娘さんは小さい子どもを抱えて仕事にも行けず、もっぱら父親の収入に依存して一家で暮らしていたところに、収入が途絶えてしまいました。親族からの支援も期待できず、生活保護の申請を進めるにしても、一日二日で決まるわけでもないので、当面の生活費をどうするかが問題になりました。

任意保険は……

　加害者の任意保険会社に連絡をしたところ、依頼者の一方的な過失による事故だとの主張で対応を受けられなかったため、依頼者は自分の健康保険を使って治療を受けていましたが、どんどん家計が苦しくなっていきます。そこで、自賠責保険金だけでも支払いを受けられないかと考えました。

通常であれば、自賠責保険は任意保険と一括払がされるので、被害者側が自賠責保険を意識することはあまりありませんが、今回は任意保険が上記のような状態なので、とにかく早く支給してくれそうなところに請求することにしたのです。

自賠責保険の対応

まずは、自賠責保険の仮渡金請求を使って、当面の生活費に充てられる資金の支給を受けることにしました。

被害者側の過失が大きいときは、自賠責保険も減額や不支給となることがあるので、その認定で時間がかかることを懸念していましたが、幸いにもそれが明らかになるまで支給しない等と言われることもなく、比較的スムーズに支払いを受けることができました。

相手方は無過失主張で対応拒絶

しかし、一時は生命も危ぶまれたほどの重傷で、何度も手術を繰り返すなどしたため、治療費が自賠責保険金額上限の120万円に達するのは時間の問題でした。こうなると、やはり相手方から支払いを受けざるを得ない状況です。

しかし、相手方本人へ請求しようにも、相当高額にのぼる治療費や種々の損害を本人の資力で賠償することは困難だと見込まれたので、どうにかして相手方の保険から支払いを受けたいところです。

そこで、再び相手方の保険会社と交渉をしましたが、やはり事故原因や過失についての見解の相違が大きく、相手方本人は無過失主張であるため保険金請求の手続もとられていないとのことで、示談へ向けた話合いは一向に進められない状況でした。

任意保険への直接請求

このような状況が続くことで、依頼者が生活に困窮することは避けなければなりません。

そうこうしているうちに、相手方本人とは連絡が取れなくなり、所在がわからなくなってしまいました。

対応に苦慮した私は、保険会社からの依頼で交通事故案件を多く手がけている同期の友人に相談してみたところ、任意保険の直接請求を行ったらよいのではないかとアドバイスを得ました。

任意保険の直接請求は約款で決まっているので、早速、アドバイスに従って、相手方が加入していた保険の約款の提示を受けて要件を確認したうえで、手続を進めました。

その会社の約款では、加害者に対する訴訟で判決が確定した場合や、加害者に対する損害賠償請求権を行使しないことを承諾した場合などには保険会社に直接請求ができるという規定になっていました。

そのため、加害者と保険会社を共同被告とし、加害者に対する判決が確定したときには、原告（依頼者）に対して保険金を支払うという請求の趣旨で訴状を作成し、訴えを提起しました。

訴訟提起の後しばらくして、相手方保険会社の調査で相手方本人の所在も把握でき、また、刑事事件の捜査などで事故時の状況もある程度明らかになり、依頼者の過失を５割とするということで、訴訟上の和解をすることができました。

事故直後には、急な出費もたくさんありますし、家計を支えていた大黒柱が入院するようなことになれば、生活に支障が出てしまいます。このような場合には、使える制度は何でも使って、被害者が治療に専念できるようにするとともに、生活の保障を図ることが大切だと実感した事案でした。

体験談２

対物超過特約でWin-Win？

弁護士４年目　男性

経済的全損

信号機のない十字路交差点において、広路を走行する依頼者の車両と、一時停止規制のある狭路を走行する車両が出合い頭に衝突した事故でした。依頼者の車両は、修理に約60万円の費用を要する損害を受けましたが、事故時に初度登録から６年経過していて走行距離も多く、時価額は最大でも40万円程度と評価されたため経済的全損となったものでした。

争点は過失割合のみ？

依頼者から事情を聞くと、相手方の保険には対物超過特約が付帯しているため、これにより修理費をカバーすることができるが、相手方から３割の過失相殺を主張されている点が了解できないとのことでした。私は、争点は過失割合に絞られているものと安易に考え、訴訟提起をすることにしました。

裁判所からは、本件事故における過失割合は依頼者側が１割で相手方側が９割であると考えられるとの心証が示され、相手方に対して説得がなされたのですが、相手方は自身の過失を７割とする考えに固執し、これを超える割合であれば対物超過特約は使用しないと言い出しました。

対物超過特約の使い方

訴訟提起前に当然気が付いていなければいけなかったのですが、本件では法的に認められる依頼者の損害はあくまで車両時価額に限られるものであり、依頼者から相手方に対して、対物超過特約の使用を請求する権利はありません。

裁判所からも、和解で解決ができずに判決となる場合には、損害額は車両時価額40万円であり、請求認容額はその9割相当分の36万円とせざるを得ないと指摘されました。一方、過失割合について相手方の主張を入れて、和解で解決ができれば、修理費60万円を基にその7割相当額の42万円の支払いを受けることができます。

ただし、対物超過特約で支払いを受ける場合、約款上、実際に修理を行うことが保険金支払いの要件となっていることが一般です。

依頼者は、被害車両は自分の初任給を頭金にして購入したもので、とても愛着があるので、きちんと直るのであれば修理をしたいという意向が強かったため、自分自身の保険会社とも相談のうえ、過失に関して譲歩をして対物超過特約を利用する形で和解をすることになりました。

結局、訴訟提起前の状態に戻った内容での解決となってしまいました。

今回の事案では、依頼者からは「相手方の過失が9割だという裁判所の考えが聞けてよかった」と言っていただきましたが、経済的には訴訟によって得られたものはありませんでしたので、対物超過特約をきちんと理解して方針を立てていれば早期に解決できていたものを、依頼者に余計な負担をかけてしまったのではないかと反省しています。

ワンポイントアドバイス

対物超過特約の要件に注意

対物超過特約の使用には体験談２で触れられたように、実際に修理を行うことが要件となっているのが一般です。

そのため、加害者側の代理人となって、対物超過特約を使用することを前提として、修理費相当額を支払う内容の示談を成立させる際には、実際に修理が行われて対物超過特約使用の要件が整った後に示談を締結したり、現実の修理の完了を修理費相当額の支払いの条件とする条項を設けるなどの工夫が必要です。

もしも、修理前にもかかわらず単純に修理費相当額を損害額としこれを支払うとの内容の条項で示談をしてしまうと、示談成立後になって被害者が修理はしないとの方針をとるようになった場合などに問題が生じることになりますので、注意が必要です。

Method
20 相手の保険②（自賠責保険）

▸知らなきゃ損する自賠責

――自賠責保険は強制保険として拠り所とはなるものの、保険金額（損害賠償額）が低く最終的な満足は得られないというイメージを持ちがちである。しかし、自賠責保険の方が有利な面もあるので、いざというときに間違えないようにその特徴を知っておこう。

自賠責って被害者に不利なの？

そんなことはありません。訴訟上の請求による場合と比較して自賠責保険にはメリット・デメリット双方がありますので、具体的な事情に応じ依頼者に最善の方法を検討してください。

（1）過失相殺なし

被害者の過失が認められる場合、訴訟上の請求であれば賠償額が減じられますが、自賠責保険では被害者の過失が70％未満であれば損害賠償額は減額されないことになっています。ただし、被害者の過失が70～80％未満のときは20％減額、80～90％未満のときは30％減額、90～100％未満のときは50％減額となります。自賠責保険がこのような取扱いをしているのは、被害者保護の要請に基づくものです（Method 5参照）。

（2）因果関係

被害者が既往症等を有していたなどの理由により受傷と死亡・後遺障害発生との因果関係の判断が困難な場合は、民事訴訟では、真偽不明として損害賠償請求は認められないという判断になりますが、自賠責では、死亡による損害及び後遺障害による損害について、積算した損害額が保険金額に満たない場合には積算した損害額から、保険金額以上となる場合には保険金額から、50％を減額したうえで、支払われる取扱いとなっています。

（3）保険金請求のための資料が定型的

訴訟では証拠方法に制限はなく、どんなものを証拠とするかを考えなければなりませんが、自賠責保険では、大量の事件を迅速に処理し被害者を早期に救済すべき要請から、定型的な資料を提出すれば保険金の支払いを受けられるという意味では、手続が簡便であるといえます。

デメリット

自賠責保険の損害賠償額（保険金額）は法定されていますので、いくら損害が大きいことを証明しても自賠責では法定された金額以上の保険金の支払いを受けることはできません。また、民事訴訟における慰謝料の認定基準は、『赤い本』に則っているといわれていますが、自賠責保険の基準は『赤い本』の基準には及びません。ただし、被害者の過失割合が大きい事案では、上記の過失相殺なし（または重過失でも減額率を一定とする）との定めがあるため、自賠責保険の方が、過失相殺がそのまま適用される民事訴訟より大きな損害賠償額となるということもあり得るので注意しましょう。

また、資料が定型的であるということは、定められた資料が不足している場合には保険金の支払いを受けられないというおそれもあり、その運用が硬直的になると被害者にとってかえってデメリットになるともいえます。

代理人弁護士としては、これらのメリット・デメリットを総合考慮したうえでいかなる方法で損害賠償請求を行うのが依頼者にとって最も有利となるかを検討して方針を決定する必要があります。このような方針決定に関しては、本MethodとあわせてMethod 5をご参照ください。

体験談 1

信号「赤・赤」事案

弁護士 5 年目　男性

お互い「自分は青信号」と主張

私が相談を受けたのは、原付自転車で走行中に、信号のある交差点で自動車と衝突して怪我をした方からです。依頼者は、自分は青信号を確認して交差点に進入したと主張していましたが、相手方も同じように、自分の進行方向が青信号だったと主張していて、双方の言い分が正反対となっていました。

依頼者が事故で負った怪我の治療費等を相手方の保険会社に請求したところ、保険会社は依頼者が赤信号を無視して交差点に進入したという相手方本人の主張に沿って、任意保険の支払いを拒否してきました。

訴訟

それどころか反対に、相手方の保険会社から、相手方の自動車の修理費用などを、こちらの依頼者に求償され、拒否したところ訴訟を起こされました。相手方は自分の車両保険を使ってすでに修理を完了していたようです。

裁判では、どちらが赤信号だったかが争点になったわけですが、お互いに決め手となる証拠がなく、裁判所としても、尋問手続を経ないと心証を形成できないと考えていたようです。

そのような状況の中、裁判官から、人身損害について訴訟上請求する予定があるのかどうか、また、現実に治療費を負担しているのであれば、自賠責保険に被害者請求をしてはどうかという話がありました。

後遺症が問題になる事案でもなかったので、自賠責保険では比較的早く支払いがされるのではないかという期待もあり、自賠責保険会社へ直接請求の手続をしました。

和解の後に……

しかし、その後、自賠責保険会社からの支払いがないまま、訴訟は進んでいきました。

こちらの信号が青だったというのも本人の供述の他には根拠がなく、しかも本人の記憶に曖昧な部分もあったので、尋問の結果次第では、こちらが敗訴するリスクも相当にあると予想していました。相手方にとっても事情は同じで、裁判所からの勧めもあって、五分五分ということで請求額の半額の金額を支払うことで物損についての和解が成立しました。

和解後しばらくして、自賠責保険会社から、被害者請求分を支払うとの連絡がありました。

もし訴訟でこちらの進行方向が「赤」だったと認定されていたら、依頼者の過失が100％ということで、被害者請求も認められなかった可能性があります。信号が故障でもしていない限り、直交する信号の両方が「青」というのはあり得ないので、理屈からいえば、少なくとも当事者の一方は赤信号を無視していたことになります。赤信号無視の過失は重いため、自賠責保険からの支払いは期待できません。

そんなこともあって、自賠責保険会社の方は裁判の結果を待っていたのかもしれません。

残額はどうする？

先の訴訟での和解では、あくまで物損の修理費用についてのみのもので、治療費等は対象になっていません。

そこで、あらためて治療費等の残額について相手方から支払いを受けるための交渉をすることになるのですが、どちらが青信号だったかという争いが再燃するのは避けたいところでした。

双方とも、どちらが赤信号で進入したのか白黒はっきりさせないことにメリットがあると考えて先の訴訟は和解したわけですので、人身損害についても、全額は認めないものの、請求額の半額程度が支払われることで妥協しました。

今回の依頼者のような原付自転車では難しいと思いますが、最近は自家用車にもドライブレコーダーが普及してきていますので、信号の色をめぐる争いが、適切に判断できるようになればよいと思います。

体験談 2

自賠基準の方が有利になることも

弁護士 4 年目　男性

赤本基準＞任意基準＞自賠基準の原則？

私がこれまでに経験した交通事故事案のほとんどでは、自賠責保険における支払基準（自賠基準）よりも任意保険の基準（任意基準）による支払提示額が高く、また、任意基準よりも裁判における賠償基準（赤本基準）の方が高くなっています。このことは弁護士の間でも一般的にもよく知られていることだと思います（Method 5参照）。

しかし、場合によっては、任意基準や赤本基準よりも自賠基準の方が被害者にとって有利となることもあります。ここでは私が体験した事案をもとに、自賠責保険を用いた方が被害者にとって有利なケースがあることをご紹介したいと思います。

被害者の過失割合に要注意

依頼者は20代の男性でした。自動車を運転し、信号のない交差点に差しかかったところ、幅員が同じ程度の左側道路から交差点に進入してきた相手方自動車と衝突してしまったという事案です。幸い相手方には怪我がありませんでしたが、依頼者は打撲や頸椎捻挫等の傷害を負って通院を余儀なくされていました。

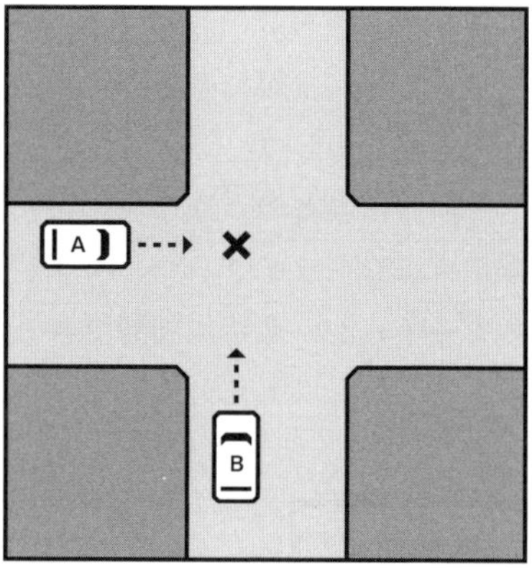

ところで、交通整理が行われていない交差点では、左側から進入してくる自動車に優先権があるとされています。したがって、本件では左方から来た相手方自動車に優先権があったということになります。『赤い本』や『別冊判タ』でも、本件のような事故態様の場合には基本的に（修正要素がない限り）、「左方からの進入車両の過失割合：右方からの進入車両の過失割合＝40：60」と記されています。つまり、当方の過失割合（60％）が相手方の過失割合（40％）を上回っていると考えられる事案でした。

示談交渉を受任した私は、相手方が任意保険に入っていたため、いつもどおり保険会社と交渉し、損害賠償額の提示を受けました。ところが、その提示額は、自賠責保険金額と同額というものでした。インターネット等でいろいろな情報を得て、任意保険基準や赤本基準の存在を知っていた依頼者は、自賠責保険金額と同額という提示に憤り、訴訟を提起して過失割合を争ってほしいと言い出しました。相手方保険会社もそれ以上の譲歩はできないとのことでしたので、私は、依頼者の意向に従って、赤本基準による損害額を前提とする訴訟を提起することにしました。

自賠責保険金額を下回る和解案

訴訟を提起して主張・立証を尽くしましたが、やはり、裁判所からも当方の過失は60%であるとの心証が示されてしまいました。そして、裁判所から送られてきた和解案においては、60%の過失相殺の結果、裁判前に相手方保険会社から提示されていた金額を下回る賠償額が提示されてしまったのです。

これでは訴訟を提起した意味がありません。判決をもらって控訴するしかないかと考えていたとき、相手方（被告）代理人から電話がかかってきました。

相手方代理人の話は、「裁判所の和解案が自賠責保険金額を下回っているが、相手方側保険会社としては自賠責保険金額を下回る和解はできないので、当初提示した金額までは支払う用意がある」というものでした。これを聞いた私の頭には、「自賠責保険金額が確保されているのであれば、判決をもらって控訴審で争っても損はないのでは……」という甘い考えがよぎりました。すると、私の考えを見越したかのように、相手方代理人は「ただ、判決が確定した場合、認容額が自賠責保険金額を下回ったとしても、支払額を自賠責保険金額まで引き上げることはできませんよ」と付け加えたのです。

調べてみると、自賠責保険では、被害者に過失割合７割以上の重大な過失がある場合を除き、支払限度額（死亡の場合は3,000万円、後遺障害の場合は等級に応じて75万円～4,000万円、傷害部分は120万円）の範囲内については過失相殺がなされることはなく、「赤本基準の損害額から過失相殺をした金額」を上回る保険金を受領できることになるというのです。しかし、自賠責保険の基準と異なる判決が確定した場合、自賠責保険の基準は適用されないということでした。

裁判上の和解

結局、私は、依頼者に事情を説明し、自賠責保険金額と同額での和解に応じることにしました。

この案件への取組みにより、自賠責保険基準の方が、過失相殺がそのまま適用される赤本基準よりも被害者に有利となり得るということを、身をもって体験することができました。訴訟を提起することが、必ずしも被害者にとってよい結果となるものではないということを肝に銘じ、案件に対応していきたいと思います。

ワンポイントアドバイス

自賠責保険の方が赤本基準よりも被害者に有利な場合もある

自賠責保険では、重過失がある場合は別として、過失相殺されないということは重要な点です。被害者の過失が大きいと目される人身損害賠償請求の相談を受ける際は、任意保険会社から賠償提案を受けるときは、自賠責保険の基準で保険金額（損害賠償額）はいくらになるのかを概算したうえで、受任するかどうかを決めた方がよさそうです。弁護士の介入によって慰謝料等を増額させることができたとしても、過失相殺される結果、依頼者の受ける経済的利益が、自賠責保険の基準を超えて増幅しないこともあり得るからです。

なお、慰謝料の算定について、X軸に通院日数、Y軸に慰謝料額をとると、『赤い本』や（おそらく多くの）任意保険会社の基準は、通院日数が増えるほど慰謝料額が増えにくくなる、右に行くほど傾きが緩やかになるグラフになります。これに対し、自賠責保険の慰謝料は通院1日4,200円という基準で、右肩上がりの正比例のグラフになるという特徴があります。入通院の期間が相当長い場合、自賠責保険の基準によって算定された慰謝料が任意保険会社の慰謝料を上回ることもあり得ます。

また、休業損害の日額算定についても同様に自賠責保険の基準によって算定された金額の方が現実収入に基づく損害額を上回ることもあります。この点に関しては、本MethodとあわせてMethod 5をご参照ください。

Method

21

刑事弁護

違いのわかる弁護人になろう

――交通事故には民事事件だけでなく刑事事件もある。自動車運転処罰法や道路交通法などの構成要件の特殊性を正確に押さえたうえで、民事事件との異同を意識してしっかりと取り組む必要がある。

自動車運転処罰法等が問題となる

交通事故には、慰謝料や治療費の支払い等に関する民事的な側面だけでなく、車両の運転者に対する刑事罰に関する刑事的な側面もあります。被害者の怪我が重篤である場合や、運転態様が極めて危険な場合には、運転者がその場で逮捕されるなどして、刑事事件が先行することが多いでしょうが、示談交渉等の民事的側面が先行し、事故の数か月後に警察官から呼び出しを受けるような場合もあります。刑事罰が想定されないような軽微な事故でなければ、民事事件と刑事事件の双方が問題となることを意識する必要があります。

交通事故にかかる刑事事件において適用される実体法として、道路交通法と自動車の運転により人を死傷させる行為等の処罰に関する法律（以下「自動車運転処罰法」または「法」といいます）の2つがあります。道路交通法には、自動車を運転する際の注意義務等が定められており、自動車運転処罰法が、その義務に違反して人身事故を起こした場合等の刑罰について定めています。

また、道路交通法の改正によって、令和2年6月30日からは、いわゆる煽り運転についても罰則が科されることとなりました。罰則の対象となる運転行為は10の類型に細分化されていますから、煽り運転が問題となり得る事案の弁護を行う場合には、各類型の該当性判断を適切に行えるように、改正法の内容を確認しておいてください。

通常の刑法犯と比較して適用罰条の判断が難しい

自動車運転処罰法や道路交通法は、被疑者や被告人の刑事事件について特別な定めを設けているわけではありませんから、刑事事件の流れは、刑法犯におけるものと共通しています。

しかし、自動車運転処罰法は、交通事故によって人を死傷させてしまった場合について、危険運転致死傷罪（法2条）と過失運転致死傷罪（法5条）に分けて定めており、運転手の運転態様等によって、適用される罰条が変わります。また、アルコール等の影響によって事故を起こしてしまった場合には、危険運転致死傷罪が2つに区分（法2、3条）されています。

交通事故にかかる刑事事件は、これら各罰条の構成要件の差が微妙であるため、通常の刑法犯と比較して、いずれの罰条が適用されるのかを判断することが容易でない点に特徴があります。

一方で、法2条が適用された場合の法定刑は、致傷罪について15年以下の懲役、致死罪について1年以上の有期懲役刑と定められているのに対して、法5条が適用された場合には、被害者が亡くなった場合であっても罰金刑が選択される余地もあり、その差は著しく大きく、刑事裁判において適用される手続にも差異が生じます。いずれの罰条が適用されるかについての判断には、正確さが求められます。

飲酒運転による死傷事故事件における手続等対照表

自動車運転処罰法の適用罰条	法定刑	裁判員裁判/損害賠償命令申立て	被害者参加
第２条（危険運転致死傷） アルコールまたは薬物の影響により正常な運転が困難な状態で自動車を走行させる行為によって人を死傷させた場合	致死罪：１年以上の有期懲役 致傷罪：15年以下の懲役	○ （致死罪の場合）	○
第３条（同上） アルコールまたは薬物の影響により、その走行中に正常な運転に支障が生じるおそれがある状態で、自動車を運転し、よって、そのアルコールまたは薬物の影響により正常な運転が困難な状態に陥り、人を死傷させた場合	致死罪：15年以下の懲役 致傷罪：12年以下の懲役	×	○
第５条（過失運転致死傷） 自動車の運転上必要な注意を怠り、よって人を死傷させた場合	７年以下の懲役若しくは禁錮または100万円以下の罰金	×	○

自動車運転処罰法２条の適用の有無

上記の図表でまとめたとおり、法２条の適用の有無が最も大きな検討事項となります。同条は、意図的に危険運転を行ったうえで人を死傷させた場合に適用されるもので、故意犯と理解されています。そして、法３条は、交通事故を起こした際には、正常な運転が困難な状態に陥っていたものの、運転開始時には、そのような状態に陥っていなかった（あるいは認識がなかった）場合に適用されることになります。

そこで、飲酒運転の場合、飲酒量、アルコールへの耐性や運転開始時の体調（睡眠不足や風邪等の症状の有無）についての認識のほか、運転開始から事故発生までの運転態様等によって、いずれの罰条が適用されるかが判断されます。例えば、交通事故を起こすまでの間に、一定期間、通常の交通法規を守って自動車を運転できている場合、運転開始時には、正常な運転が困難な状態に陥っていなかったことを推認させ、法２条の適用は否定されることになるでしょう。

交通事故の刑事事件を受任した場合には、これらの実体法や手続法を復習し、依頼者にとって有利な事実と不利な事実をしっかりと見極めることが大切です。

体験談１

危険運転致傷って、２種類あるの？

弁護士３年目　男性

初めての交通事故事件

依頼者の話を鵜呑みにして弁護方針を定めた結果、検察官から証拠開示を受けた後、依頼者から聞いていなかった新しい事実が次々と発覚し、当初の弁護方針を一から見直さなくてはならなくなったという失敗談はよく聞く話です。私が弁護士になって初めて受任した交通事故の刑事事件も、まさに依頼者とのコミュニケーション不足が原因で、弁護計画が二転三転した事件でした。

依頼者は、高校の同級生と会うために、自宅から駅前にある居酒屋まで車を運転し、深夜１時頃まで飲んだ後、身体からアルコールを抜くために朝の９時頃まで眠り、起床後、車を運転して職場に向かう途中で、自転車に乗っていた男性に衝突し、男性に大怪我をさせてしまいました。

依頼者は、お酒を飲み終わってから十分に時間を空けていたので、アルコールの影響はなかったと思うと話しており、事故の原因についても、車内で十分に休息がとれず、寝不足であり、事故の瞬間に居眠りをしてしまったと話していました。事故現場は、駐車場所から数分で辿り着ける場所ではあるものの、職場へ向かう最短ルートからは外れており、迂回しなければ通らない場所でしたが、依頼者はその場所を通った理由についてしっかり記憶していませんでした。

アルコールは十分に抜けている？

私は、８時間程度寝ているのであれば、アルコールは十分に抜けており、不自然な走行経路についても、依頼者の自動車運転上の過失とは無関係なものと考え、依頼者の話を疑うことなく、漫然と、危険運転致傷罪ではなく、過失運転致傷罪が適用されるのではないかと考えておりました。

そして、罪体ではなく、一般情状が問題となる単純な事案とのイメージから、執行猶予付きの判決を得るために、被告人に有利な情状を得ることに腐心し、免許の返納手続や車の処分について依頼者と相談していました。そんな時、依頼者から、当時一緒にお酒を飲んでいた友人に対して警察が接触したようだという報告を受けました。

警察による聴取内容を確認するために、依頼者の友人に電話したところ、正確な時間はわからないものの、明け方近くまで依頼者と飲んでいたという話をはじめて聞きました。その後、他の友人にも確認したところ、午前４時30分頃に発行されたレシートがあることもわかりました。

慌てて依頼者に確認しましたが、かなりの量のお酒を飲んだため、正確な記憶がなく、店を出たのは明け方頃だったかもしれないということでした。

通常の事件においても、自分に有利な結論を導いてもらうために、弁護士に対して、不利なことを隠しながら説明する方は多くいらっしゃいます。自分自身で有利な説明をしようと意図していなくても、事件前後にアルコールを摂取している方は、曖昧な記憶しか残っていない部分について、無意識のうちに、自分に有利なように記憶を塗り替えてしまうことも少なくありません。このときの私は、依頼者が自然な流れで事件の経緯を説明できていることに安心し、その内容について検証するという基本的な意識が欠けていました。

知識のなさと軽率さを痛感

午前４時30分頃まで飲酒していたとすると、車を運転するまでに４時間30分程しか空いていないこととなり、依頼者が強いアルコールの影響下にあった可能性に遅ればせながら気づいた私は、自動車運転処罰法２条の危険運転致傷罪と同法３条の危険運転致傷罪の違いについても、この段階になってはじめて精査し、法２条が適用された場合、その法定刑が15年以下の懲役刑と極めて重いことを知りました。

実刑判決もあり得るかもしれない……俄然焦り出した私をみて、依頼者も不安を感じていたようです。解任されることはありませんでしたが、交通事故に関わる関係法規を精査せず、漫然と依頼者の話を鵜呑みにして、事件の本質を見失っていたことを反省しました。

不自然な言動が逆に依頼者に有利に

法２条は、運転開始時から正常な運転が困難な状態にあった場合に適用されるため、運転開始から事故を起こすまでの間、正常に運転できていた時間が長ければ長いほど、法２条の適用を否定する有力な間接事実になることを理解した私は、当日の走行経路をできる限り忠実に再現することとしました。

依頼者が車を駐車していた場所から事故現場までの地図を印字し、スマートフォンの地図アプリ等も使って、見覚えのある景色があるかどうかを確認してもらいました。また、私が運転する車に同乗してもらい、依頼者と一緒に現場付近を車で走行しました。一緒に走行する中で、踏み切りや三差路や工事現場付近を走行したことの記憶が喚起されたようで、徐々に当日の具体的なルートがみえてきました。

当日の走行経路を図面に描き、5分以上は正常に運転できていたことを検察官に対して主張し、依頼者は法3条で公判請求がなされることとなり、法2条の適用は回避することができました。

依頼者の話を鵜呑みにすることなく、関係者からもしっかり裏付けをとるという事実確認と、実体法の解釈及びあてはめという、法律家として最も基本的な事項の重要性を再確認させられた事件でした。

体験談2

感覚ではなく、裏取りして判断する

弁護士4年目　男性

事故に気づかなかった？

梅雨も明け、年度初のビアガーデンに行く日を心待ちにしていた時期に、初めて否認の交通事故事件を受任することになりました。

事案は、車を運転して自宅へ帰る途中、同一車線上で信号待ちをしていたバイクと接触し、バイクを転倒させて運転手の男性に加療約2週間を要する左下腿打撲の傷害を負わせたうえ、救護義務を果たさずに逃走したというものでした。依頼者は、バイクと接触してから1㎞ほど走行した後、車のタイヤがパンクしていることに気づき、路肩に車を停車させていたところ、臨場した警察官から職務質問を受け、そのまま警察署に任意同行されたということでした。

依頼者は、一貫してバイクと接触した事実を否認しており、バイクの隣で信号待ちをしていたタクシーのドライブレコーダーによって、依頼者の車が被害者のバイクと衝突したことが明らかであることを知った後も、バイクと接触したことには気づかなかったと話していたため、救護義務違反の故意が問題となりました。

自分で検証できない内容は専門家に

私は、最初に話を聞いた時から、進路前方にいるバイクに衝突し、タイヤまでパンクしているにもかかわらず、事故に気づかなかったという依頼者の言い分に懐疑的でした。バイクとは激しく接触しているようでしたので、接触時の衝撃音等で事故を起こしたことは当然に認識できたのではないかと感じましたし、警察官や検察官も、取調べの際に、執拗に衝撃音の有無を聴取していたようでした。

それでも、依頼者は頑なにバイクに接触したことは気づかなかったと言い張っていましたので、バイクとの接触に気づかないということがあり得るのか、私的鑑定をお願いすることにしました。

鑑定結果は予想外

鑑定では、まず、自動車とバイクの接触場所を特定し、少なくとも依頼者の車両に関しては、激しい金属音がする場所ではなく、ポリプロピレン系樹脂で構成されている箇所にしか接触していないことがわかりました。また、依頼者が乗車していた車両が遮音性に優れていることを実証するため、ドアを締め切った状態の車内において、外部の音がどれだけ遮断されているかについて実験し、70%以上の音が遮断されていることも明らかとなりました。

実際に、私も、同種車両に乗車して、外部の爆発音等を確認しましたが、予想以上に車内は静かであることに驚きました。音楽等をかけていれば、バイクを激しく横転させるほどの接触についても気づかなかったことはあり得るということを体感しました。

鑑定結果は、衝撃音によっては事故の発生を認識できなかった可能性は大いにあり得るというものでした。鑑定書を添付した意見書を提出したところ、被害者の怪我が軽かったこともあり、過失運転致傷罪と救護義務違反ともに、無事に不起訴処分を得ることができました。

実験現場において、私の懐疑心に気づいていたであろう依頼者のドヤ顔をみて、先入観から物事を正確に把握しようという気持ちに欠けていたことを大いに反省したことは今でも記憶に残っています。

体験談3

被害者の過失をどう主張するか？

弁護士9年目　女性

相手方の過失が大きくても被疑者に

交通事故事件について何件か経験を積んできた頃、激烈に逆上している年配の男性から電話での法律相談を受けました。あまりに怒っていて電話口では事案を把握できなかったので、事務所で直接お話を伺うことにしました。

事務所を訪れた依頼者は、電話口と同じ口調で早口に事案をまくしたてていました。依頼者によると、車を運転して近所のスーパー

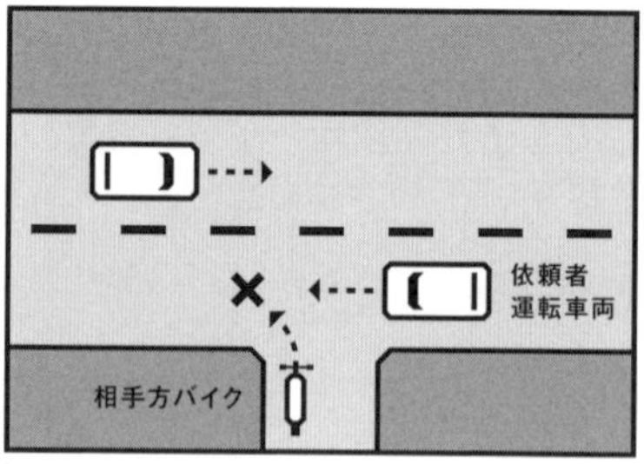

の近くを通りかかったところ、スーパーの駐車場から急にバイクが発進してきたため、バイクを避けることができずに衝突してしまったということでした。依頼者は、相手方の確認不足が原因であるにもかかわらず、相手方が重傷を負ったことを理由に、自分だけが被疑者として取り扱われていることに納得できず、大変憤っているということでした。

話をよく聞いてみると、依頼者自身もオーディオ機器の音量を調整する等しており、前方不注意が認められ、依頼者の過失も否定できないようでしたが、どちらかというと相手方に大きな過失が認められそうな事案であり、依頼者の憤りはもっともであるように感じました。

相手方の過失を理由に無罪を主張できるか

私は、検察官に対して、相手方の過失が大きいことを理由に不起訴を求める意見書を提出しましたが、依頼者は過失運転致傷罪で起訴されてしまいました。

依頼者からは無罪を主張できないかとも相談を受けましたが、前方注意義務を十分に果たしていたとしても、事故の発生を防げず、結果回避可能性がなかったといえなければ、無罪を主張できません。

そこで、結果回避可能性の有無を検討するために、依頼者とともに、現場付近の道路を走行してみたところ、スーパーの出入り口があることは看板等によって十分に注意喚起されており、他に注意を奪われるようなものもありませんでした。また、検察官から開示を受けた、駐車場の防犯カメラの映像を確認したところ、相手方のバイクが駐車場から道路に合流した時点で、依頼者の車と相手方のバイクとはやや距離がありました。そこで、依頼者が十分に前方を注視していても結果を回避できなかったとはいえないものと判断し、無罪主張はしないことにしました。

情状ではどう主張するのか

依頼者は、捜査機関に対しても、相手方の過失が大きいことを何度も訴え、相手方に非があるという供述調書が作成されていましたので、検察官からその内容を聞いた相手方に、被害者参加を申し立てられてしまいました。

一度、無罪を主張しないことに納得していた依頼者も、相手方が刑事裁判に参加することを知り、相手方に対する怒りが再燃してしまい、何とか相手方に大きな落ち度があったことを主張してほしいと頼まれました。

罪状認否において罪を認めながら、相手方にも過失があったことを強く主張することで、裁判官の心証を悪くし、被告人には反省態度が一切みられないと評価されてしまうのではないかという懸念はありました。しかしながら、検察官から開示を受けた実況見分調書や、現場の写真撮影報告書等によって、道路に合流する際には、慎重に左右を確認しなければならない場所であったことや、相手方の運転態様が極めて軽率であったことが明らかでしたので、弁論において相手方の運転態様を激しく糾弾する代わりに、被告人質問においては、相手方についてあまり多くはお話しいただかないことにしました。

量刑の理由の記載

実際の裁判では、予定どおり主尋問では相手方の話はそこまで出さなかったのですが、検察官の反対尋問の際には、依頼者の怒りの炎が三度燃え上がってしまい、相手方の過失を強く非難する内容になってしまったことで被告人の最終陳述においても、予定していたものよりも、相手方の責任を主張する内容になりました。

判決は予想どおり執行猶予付きの判決でした。量刑の理由の中で、被害者の過失については、被告人に有利な情状の１つとして列挙されるにとどまっており、被告人の反省については、「反省している」というものではなく、「一応反省の弁を述べている」と判示されていました。

被告人の過失が否定されなければ無罪は主張できませんが、相手方に大きな過失が認められる場合、被告人の刑事責任に大きな影響を与える要素であることは否定できません。相手方の過失をどのような根拠で、どのように裁判所に顕出させるかについて考えさせられた事件でした。

ワンポイントアドバイス

必要以上に疑うべき供述証拠

刑事事件においては、公判請求がなされるまでの間、捜査機関による捜査結果を確認することができません。事故車両等についても、捜査機関によって押収された場合には、自由に確認することができず、弁護人による調査活動には限界があり、依頼者である被疑者・被告人等から得られる情報をもとに弁護方針を策定することになります。

もっとも、交通事故事件においては、通常の刑事事件以上に、供述証拠の信用性には注意を払う必要があります。

交通事故事件は、計画された犯罪ではなく、突然起きる一瞬の出来事ですから、運転手や目撃者が、当時の事故現場の状況について正確に把握できているとは限りません。極めて乱暴な運転態様でない限りは、事故発生前から事故車両の様子を注視するような人はおらず、多くの場合、事故時の衝突音等を契機に車両の様子を目撃しているにすぎません。

また、弁護士との相談前に、警察官による実況見分調書の作成に立ち会っている依頼者も多くいらっしゃいます。警察官は、実況見分の際に、タイヤ痕や衝突場所等の事実から、どのような事故であったのかを推測し、その結果に沿うような指示説明を被疑者に求めがちです。被疑者も、事故について鮮明な記憶がないことから、警察官の誘導に迎合し、実況見分を境に記憶が書き換えられてしまう事例もみられます。

交通事故事件における関係者の供述を中心とした証拠には、誤りが含まれ得ることを前提に、注意深く聴取する必要があるでしょう。

現場検証はマスト

供述証拠に信用性が認められないとすると、肝となるのはその他の客観的証拠になります。弁護人が捜査段階で確認できる客観的証拠は限られていますが、事故現場に行くことは可能です。事故発生から日が浅ければ、タイヤ痕やガードレール・電柱等の物損等が残されている可能性があります。このような証拠は徐々に消滅していきますから、早いうちに写真撮影等によって、証拠を保全しておくべきです。

また、関係者の供述を聴取するにあたって、弁護人が交通事故の現場のイメージをつかめていないと、供述の不自然さを感知することができません。現場に赴き、可能であれば自ら車を運転して走行することで、事故現場を走行する際に何が視界に入るのか、どの方向に最も注意を向けていたか、見えにくい場所はないか等、多くの具体的な情報を得ることができます。

客観的にみえる証拠も不正確な情報に依拠

公判段階では、検察官から多くの捜査資料が開示されます。通常の刑事事件において、実況見分調書等は、客観的資料に基づいて作成された証拠だと考えて、無罪を主張する事案であっても、現場供述の部分のみを不同意として、現場指示を含む他の部分については同意してしまうことが多いのではないかと思います。

しかし、上述したとおり、交通事故事件においては、実況見分調書を作成する前提となる被害者や目撃者の現場指示自体に誤りが含まれている可能性があります。そして、その誤りは、被告人の刑事責任の判断に直結します。

実況見分調書に記載のある内容と、自ら事故現場に行って収集した各証拠の内容を比較検討し、被害者等による現場指示と被告人の説明とも食い違いがみられるような場合には、実況見分調書を不同意として、作成者の尋問を行うことに躊躇する必要はないでしょう。

被害者の過失

民事事件において、被害者の過失は、当事者の過失割合として考慮されることになりますが、刑事事件においては、被告人に注意義務違反が認められ、結果回避可能性も否定できない場合、相手方の過失の方がより大きい場合であっても、被告人の刑事責任を否定することはできません。しかしながら、無罪を主張できない場合であっても、交通事故の原因に関わる相手方の過失は、被告人にとって重要な情状事実となります。検察官請求証拠だけでは相手方の過失の有無・大きさが明らかにならない場合には、積極的に弁護人から証拠を請求する必要があります。

裁判例においては、被害者側にも過失があるという事実のみをもって、被告人に有利な情状事実として扱っているものも散見されます。しかし、被告人に有利な事実として主張する際には、被害者にも落ち度があることを理由に減刑を求めるのか、被告人の運転態様が悪質ではなかったことを推認させる間接事実として主張するのか、被害者の過失がどのような理由で被告人の刑事責任に影響するのかについて、事案に応じて論じるべきでしょう。

執筆者一覧（五十音順）

編集代表・執筆

関　理秀　　弁護士（61期・東京弁護士会）／ＴＭＩ総合法律事務所

執筆

牛島貴史　　弁護士（65期・東京弁護士会）／吉野高法律事務所

岡本裕明　　弁護士（64期・東京弁護士会）／弁護士法人ダーウィン法律事務所

北村岳士　　弁護士（66期・東京弁護士会）／法律事務所ジュリコム

小林亜樹　　弁護士（64期・東京弁護士会）／水上総合法律事務所

永野　亮　　弁護士（65期・東京弁護士会）／ＢＡＣｅＬＬ法律会計事務所

西村　健　　弁護士（62期・東京弁護士会）／堀法律事務所

本澤陽一　　弁護士（64期・東京弁護士会）／弁護士法人エルティ総合法律事務所

三井　拓　　弁護士（65期・東京弁護士会）／三井拓法律事務所

宮田直紀　　弁護士（65期・東京弁護士会）／あみた綜合法律事務所

山岸泰洋　　弁護士（61期・東京弁護士会）／弁護士法人エクイタス（リソルテ総合法律事務所）

サービス・インフォメーション

通話無料

①商品に関するご照会・お申込みのご依頼
TEL 0120(203)694/FAX 0120(302)640

②ご住所・ご名義等各種変更のご連絡
TEL 0120(203)696/FAX 0120(202)974

③請求・お支払いに関するご照会・ご要望
TEL 0120(203)695/FAX 0120(202)973

●フリーダイヤル(TEL)の受付時間は、土・日・祝日を除く9:00~17:30です。

●FAXは24時間受け付けておりますので、あわせてご利用ください。

こんなところでつまずかない!
交通事故事件21のメソッド　改訂版

2016年12月15日　初版発行
2024年 1 月30日　改訂版発行

編　著　東京弁護士会 親和全期会
発行者　田　中　英　弥
発行所　第一法規株式会社
〒107-8560　東京都港区南青山2-11-17
ホームページ　https://www.daiichihoki.co.jp/
デザイン　中村圭介・鳥居百恵
(ナカムラグラフ)

交通事故21改　ISBN978-4-474-09411-6　C2032　(0)